cuisine santé pour vos invités

Traduit de l'anglais par
Michel Chevrier

intrinsèque

Catalogage avant publication de Bibliothèque et Archives Canada
Vedette principale au titre :
Cuisine santé pour vos invités
Traduction de : Healthy dinner party recipes.
Comprend un index.
ISBN-13 : 978-2-920373-39-6
ISBN-10 : 2-920373-39-0
1. Cuisine des jours de fête. 2. Cuisine santé.
TX739.H4214 2006 641.5'68 C2006-940644-8

Publié originalement en 2003 en Grande-Bretagne par Kyle Cathie Limited, 122 Arlington Road, Londres, Angleterre, NW1 7HP

Les personnes suivantes sont, par la présente, identifiées comme étant les auteurs du présent ouvrage : Darina Allen, Hugo Arnold, Aliza Baron Cohen, Ed Baines, Vatcharin Bhumichitr, Conrad Gallagher, Paul Gayler, Elisabeth Luard, Adrian Mercuri, Alison Price, Michael van Straten, Louisa J Walters, Mandy Wagstaff et Sarah Woodward.

Traduction : Michel Chevrier
Révision : Jeanne Lacroix
Infographie : Olivier Lasser

Dépôt légal 3e trimestre 2006
Bibliothèques nationales du Québec et du Canada
ISBN-10 : 2-920373-39-0
ISBN-13 : 978-2-920373-39-6
Distribution et diffusion
Amérique : Prologue
France : Volumen
Belgique : Diffusion Vander S.A.
Suisse : Transat S.A.

Les éditions Intrinsèque inc., 3154, boul. Industriel, Laval (Québec) Canada. H7L 4P7.
(450) 663-1777. Courriel : saint-jean.editeur@qc.aira.com

Imprimé en Chine

sommaire

introduction

Aujourd'hui, une grande partie de l'art de recevoir consiste à servir à ses amis et à ses proches des plats santé simples, frais et délicieux. Nous ne ressentons plus, comme autrefois, le besoin de passer des heures à nous échiner « aux fourneaux » de manière à impressionner nos invités en leur servant le dernier plat à la mode. Manger doit toujours rester un plaisir et ne jamais devenir un sport de compétition.

Mais « plaisir de manger » ne veut pas dire « prétexte à s'empiffrer ». Aujourd'hui, de plus en plus de gens ont leur santé à cœur et les recettes présentées dans ce livre font la preuve qu'on peut nourrir ses amis et sa famille avec des aliments frais, sains et peu calorifiques tout en respectant les règles de base d'un bon régime santé. C'est ainsi qu'en consultant le tableau de la valeur nutritive accompagnant chaque recette, on pourra composer un menu équilibré.

Nombre des recettes proposées ici sont faciles et rapides à préparer et conviennent parfaitement à un repas de semaine où on n'a peut-être pas tout notre temps. D'autres sont plus longues à préparer et conviendront mieux à des occasions spéciales où on dispose de toute la soirée. Les plats qui exigent un temps de marinage peuvent être préparés le matin avant de partir au travail ou la veille, et conservés jusqu'à 24 heures au réfrigérateur. Tout ce qu'il restera à faire au moment de préparer le repas sera de retirer les aliments de la marinade et de les faire cuire. Certains desserts, tels les sorbets, peuvent être préparés plusieurs jours d'avance et gardés au congélateur. Le grand secret de l'art de recevoir sans stress, c'est la planification. Si on manque d'expérience culinaire, on doit simplifier les choses et ne pas essayer de préparer des plats trop compliqués ou qu'on n'a jamais fait auparavant. En faisant ses courses la veille, on aura tout le temps voulu, le lendemain, pour acheter les produits qui pourraient encore manquer. S'il s'agit d'un repas de réception, on gagnera du temps en dressant la table le matin avant de partir au travail et en n'oubliant surtout pas de mettre les vins qui doivent être frappés au réfrigérateur.

Si la planification d'un menu repose avant tout sur le bon sens, il est quand même préférable de suivre quelques lignes de conduite de manière à éviter les pièges En règle générale, il est plus facile de choisir d'abord le plat principal puis l'entrée et le dessert qui doivent l'accompagner. En planifiant un menu, il faut tenir compte des ingrédients, des modes de cuisson et des couleurs des plats qu'on désire préparer. Il faut éviter d'utiliser des œufs dans plus d'un plat, de préparer trois plats frits ou de se servir uniquement d'aliments blancs; c'est ainsi que, si on planifie de servir des poitrines de poulet, de la purée de pommes de terre et du chou-fleur, il suffira de remplacer ce dernier par des carottes pour obtenir une assiette plus colorée, donc plus appétissante.

De la même façon, il faut éviter de servir trois plats à être cuits au moment du repas. Si on planifie de servir un plat qui doit être frit à la toute dernière minute, on pourra choisir une salade comme entrée et un sorbet comme dessert. On se trouvera ainsi à réduire de beaucoup son niveau de stress mais aussi le temps qu'on devra passer dans la cuisine.

Si on ressent de la frustration parce qu'on doit rester dans la cuisine pendant que les invités s'amusent et sirotent leur apéritif dans la pièce voisine, on choisira des plats qui n'exigent pas une préparation de dernière minute, un plat gratiné par exemple. On pourra préparer le plat d'avance et le mettre au four peu avant que les invités n'arrivent. On pourra ainsi se consacrer entièrement à ses hôtes. En choisissant de préparer un dessert froid — de la crème glacée ou un sorbet par exemple —, on réduira aussi de beaucoup le temps à passer dans la cuisine. Par ailleurs, si on reçoit ses invités dans la cuisine, on pourra choisir des plats dont la cuisson exige une surveillance de dernière minute, ce qui donnera à chacun le sentiment de participer à la préparation du repas.

astuces et raccourcis

Planification d'un menu

Pour s'assurer qu'un repas se déroulera sans anicroche, il est avisé, avant de planifier son menu, de se renseigner auprès de ses invités pour savoir s'ils n'ont pas de restrictions alimentaires, d'allergies à certains aliments ou de besoins spécifiques. Les arachides, les fraises et les fruits de mer font partie des aliments les plus allergènes ; il est préférable de les éviter complètement si l'un des invités y est allergique. Il existe plusieurs types de régimes végétariens et végétaliens. Certains de leurs adeptes ne consomment aucun poisson, produit animal (œufs) ou produit laitier (lait, beurre, fromage, etc.) On trouvera dans ce livre des recettes végétariennes dont se régaleront même les plus ardents défenseurs d'un régime carné. Certaines religions interdisent la consommation du porc, des fruits de mer ou de l'alcool ; dans le doute, il vaut mieux se renseigner sur les pratiques religieuses de ses invités.

Soyez créatif

Si on planifie de faire un barbecue, on devrait éviter de penser d'abord aux sempiternels burgers et saucisses. Les aliments prêts à manger du commerce ont tendance à être plus riches en gras et en sel que ceux préparés à la maison. Les brochettes de poisson et de légumes sont rapides et faciles à préparer, et sont plus faibles en gras que nombre d'aliments habituellement utilisés pour un barbecue. De manière à obtenir un repas équilibré, on accompagnera les brochettes ou autres grillades d'une ou deux salades et de pommes de terre en robe des champs.

Amuse-gueule

Si on désire servir des amuse-gueule avant le repas, on pourra avantageusement remplacer les classiques arachides et croustilles bourrées de calories par un plateau de crudités — bâtonnets de carotte et de concombre, tranches de poivron, tomates cerises et fleurettes de chou-fleur — accompagnées d'une trempette à base de fromage frais faible en gras.

comment utiliser ce livre

On indique dans chaque recette le nombre de portions qu'on peut en obtenir et le temps qu'il faut pour la préparer et la faire cuire. En règle générale, le temps de préparation correspond à celui qu'il faut pour laver, préparer et hacher les ingrédients; le temps de cuisson correspond à celui qu'il faut pour faire cuire le plat, même si la plupart du temps on peut vaquer à d'autres occupations pendant la cuisson.

De plus, on donne, pour chaque recette, sa valeur nutritive. En règle générale, les enfants, les femmes sédentaires et les adultes âgés ont besoin d'environ 1 600 calories par jour. Les adolescentes, les femmes actives et les hommes sédentaires ont besoin de 2 200 calories, tandis que les adolescents, les hommes actifs et les femmes très actives en ont besoin de 2 800 chaque jour. Il est généralement recommandé qu'au maximum 10 à 30 % de l'énergie que nous consommons quotidiennement provienne de matières grasses. La plupart d'entre nous devraient essayer de réduire leur consommation de gras, en particulier de gras saturés.

Les glucides constituent une part importante de notre diète et il est recommandé qu'un tiers de ceux-ci provienne d'aliments riches en fécule comme les pommes de terre, les ignames, le pain de blé entier (complet), les pâtes, les nouilles, les chapatis, le riz, les patates douces, etc.

Notre consommation de sel ne devrait pas dépasser 6 g par jour. Malheureusement, la plupart d'entre nous en consomment 9 g (l'équivalent de 2 c. à thé). Une bonne partie du sel que nous consommons provient des aliments prêts à manger, mais environ 10 % proviennent du sel dont nous nous servons pour faire cuire ou saler nos aliments. Une consommation de sel trop grande accroît la pression sanguine, ce qui, par ricochet, peut provoquer des maladies cardiaques et des AVC. Par ailleurs, on a aujourd'hui la preuve que les fibres contenues dans les céréales, les fruits et les légumes peuvent nous prémunir contre certaines formes de maladie cardiaque et de cancer.

entrées et repas simples

PORTIONS : 4

PRÉPARATION : 10 MINUTES

CUISSON : 50 MINUTES

lait réchauffe-cœur à la betterave et à l'orange

450 g (1 lb) de petites betteraves, parées et pelées
15 ml (1 c. à soupe) de pistaches, écalées
Le zeste râpé et le jus de 4 oranges
75 ml (5 c. à soupe) de lait
Sucre, au goût
1 petit quartier de melon miel, épépiné, en copeaux

Préchauffer le four à 190 °C / 375 °F / 5 au four à gaz. Confectionner une enveloppe lâche en papier d'aluminium, y mettre les betteraves, puis la sceller. Placer l'enveloppe dans une rôtissoire au four 30 à 40 minutes, jusqu'à ce que les betteraves soient très tendres.

Faire chauffer une petite poêle à frire. Y faire dorer les pistaches en remuant la poêle de temps à autre pour les empêcher de brûler.

Retirer les betteraves du four et mettre le contenu de l'enveloppe en papier d'aluminium dans le robot de cuisine ou le mélangeur. Réduire en purée puis incorporer lentement le jus d'orange et la moitié du zeste. Ajouter ensuite les deux tiers du lait et remuer juste assez pour mêler.

Sucrer au besoin et verser le mélange dans des verres résistants à la chaleur, puis les garnir de pistaches. Faire chauffer le reste du lait en le battant avec un batteur électrique à lait ou un fouet, puis, à la cuiller, en couvrir les pistaches. Parsemer du reste du zeste et de copeaux de melon.

Valeur nutritive, par portion :
Calories : 96
Matières grasses : 2 g
Glucides : 17 g
Sel : 0,25 g
Gras saturés : 0,4 g
Fibres : 2,4 g

PORTIONS : 4

PRÉPARATION : 30 MINUTES

MARINAGE : 3 À 4 HEURES

salade aux **huîtres**

2 douzaines d'huîtres, écaillées et grossièrement hachées
2 piments jaunes ou verts, épépinés et finement hachés
2 ou 3 ciboules, parées et grossièrement hachées
60 ml (¼ de tasse) de jus de lime ou de citron ou de vinaigre de vin blanc
Sel

Garniture
Coriandre, hachée
Piments marinés
Quartiers de lime ou de citron

Mélanger tous les ingrédients (sauf ceux de la garniture) et les faire mariner 3 à 4 heures. Égoutter et mettre le mélange dans les coquilles ou des bols de verre. Garnir de coriandre et servir bien froid avec les piments marinés et les quartiers de lime ou de citron.

Comment écailler les huîtres

Plier un linge de table et le mettre dans sa paume pour la protéger. En plaçant le côté plat de l'huître vers le haut et son bout pointu vers soi, glisser la lame du couteau à huître entre les deux coquilles de manière à trancher le nerf qui les retient ensemble. Enlever la coquille supérieure et la jeter. Glisser le couteau sous l'huître pour la détacher de la coquille et la mettre dans un bol, ou la laisser dans la coquille si on désire servir les huîtres telles quelles.

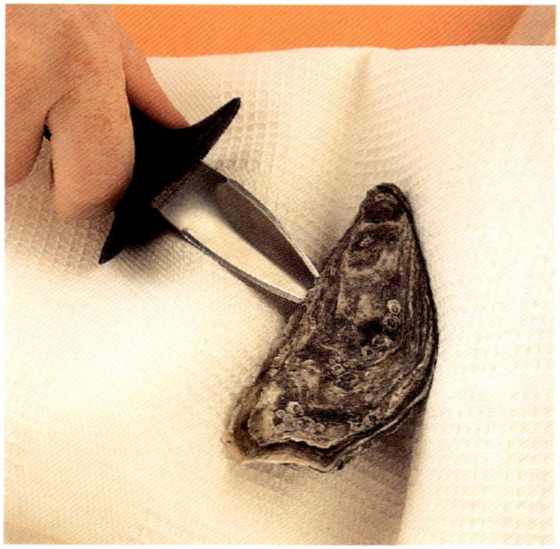

Valeur nutritive, par portion :
Calories : 51
Matières grasses : 1 g
Glucides : 2 g
Sel : 1,22 g
Gras saturés : 0,2 g
Fibres : 0,1 g

PORTIONS : 4

PRÉPARATION : 15 MINUTES

CUISSON : 20 MINUTES

MARINAGE : 6 À 12 HEURES

ceviche aux trois poissons

225 g (½ lb) de filets de saumon
225 g (½ lb) de filets de saint-pierre, de barbue ou de turbot
225 g (½ lb) de filets de maquereau
Le jus et le zeste de 4 limes
Le jus et le zeste de 2 citrons
Le jus de 1 orange
15 ml (1 c. à soupe) de vinaigre de vin blanc
300 g (10 ½ oz) de pommes de terre, non pelées (à peau cireuse), coupées en tranches de 5 mm (¼ de po) d'épaisseur
75 ml (5 c. à soupe) d'huile d'olive extravierge
Une petite botte de ciboulette, finement hachée
4 poignées de mesclun
Sel et poivre noir, fraîchement moulu

Bien à l'avance, couper les filets de poisson en lanières de 2 cm (¾ de po) d'épaisseur et les mettre dans un bol. Les arroser du jus des agrumes et du vinaigre, et les parsemer des zestes de lime et de citron. Couvrir et réfrigérer 6 heures ou préférablement toute la nuit.

Faire cuire les pommes de terre dans de l'eau bouillante salée jusqu'à ce qu'elles soient juste tendres, puis les égoutter, les passer à l'eau froide et les garder un peu chaudes. Empiler les tranches de pommes de terre au centre de 4 assiettes. Les arroser d'un peu d'huile d'olive, puis saler et poivrer au goût. Égoutter le poisson en réservant la marinade et en mettre les morceaux autour des pommes de terre. Garnir ensuite chaque assiette de ciboulette et de mesclun.

Mélanger 10 ml (2 c. à thé) de marinade et 45 ml (3 c. à soupe) d'huile d'olive, saler et poivrer au goût et arroser le mesclun de cette vinaigrette.

Valeur nutritive, par portion :
Calories : 465
Matières grasses : 30 g
Glucides : 15 g
Sel : 0,52 g
Gras saturés : 5 g
Fibres : 1,1 g

Comme préparer les filets de poisson

Mettre un filet de poisson, la peau vers le bas, sur une planche à découper. Placer le couteau à un angle de 45 degrés entre la peau et la chair, et les séparer, à partir de la queue, moitié en poussant, moitié en sciant. Garder les peaux pour faire un bouillon.

PORTIONS : 10 À 12

PRÉPARATION : 20 MINUTES

MARINAGE : 5 HEURES

ceviche péruvien

900 g (2 lb) de filets de beaudroie d'Amérique, de morue, de plie, de limande-sole ou de pétoncles
4 limes
2 citrons
2 gousses d'ail, finement hachées
Coriandre fraîche, hachée
1 ou 2 piments frais
75 g (3 oz) d'oignon, émincé
1 poivron vert, coupé en petits dés
1 poivron rouge, coupé en petits dés
Sel et poivre noir, fraîchement moulu

Garniture
Feuilles de laitue croquantes
5 ou 6 ciboules, hachées
Grains de maïs (facultatif)
2 avocats, tranchés
Dés de poivron

Enlever la peau des filets puis les couper en cubes de 1 cm (½ po) et les mettre dans un plat d'acier inoxydable ou de porcelaine profond.

Presser le jus des limes et des citrons et en arroser le poisson. Assaisonner de sel, de poivre et d'ail. Couvrir le plat et laisser mariner le poisson 2 à 3 heures au réfrigérateur.

Ajouter ensuite la coriandre, l'oignon, les piments et les poivrons. Couvrir et remettre le tout à mariner 2 ½ heures au réfrigérateur.

Disposer quelques feuilles de laitue au centre d'une grande assiette de service et couvrir chacune de 15 ml (1 c. à soupe) de ceviche. Décorer le plat de tranches d'avocat, de dés de poivron, de grains de maïs et de ciboules. Servir ce savoureux plat avec du pain blanc croûté ou des tortillas.

Valeur nutritive, par portion :
Calories : 133
Matières grasses : 6 g
Glucides : 5 g
Sel : 0,34 g
Gras saturés : 0,8 g
Fibres : 2 g

PORTIONS : 10

PRÉPARATION : 40 MINUTES

timbales de crabe et d'avocat

2 avocats Hass, pelés, dénoyautés et coupés en petits dés
Le jus de 1 lime
450 g (1 lb) de chair blanche de crabe
10 tomates italiennes, pelées, épépinées et coupées en petits dés (voir ci-contre)
2 échalotes, coupées en petits dés
20 ml (4 c. à thé) de ciboulette, hachée
45 ml (3 c. à soupe) d'huile d'olive parfumée au citron (ou extravierge)
Sel et poivre noir, fraîchement moulu

Vinaigrette
30 ml (2 c. à soupe) de vinaigre de vin blanc
5 g (1 c. à thé) de sucre semoule
60 ml (¼ de tasse) d'huile d'olive extravierge
30 ml (2 c. à soupe) d'aneth, haché
Sel et poivre noir, fraîchement moulu

Valeur nutritive, par portion :
Calories : 194
Matières grasses : 16 g
Glucides : 3 g
Sel : 0,85 g
Gras saturés : 2,1 g
Fibres : 1,6 g

Mélanger tous les ingrédients de la vinaigrette.

Tapisser un plateau de pellicule de plastique. et y mettre 10 emporte-pièces ronds de 3 X 7 cm (1 ¼ X 2 ¾ po) de profond. Mélanger les avocats et le jus de lime, assaisonner et répartir à la cuiller dans les emporte-pièces en l'y pressant un peu avec le dos d'une cuiller à thé. Répéter l'opération avec la chair de crabe. Mélanger les tomates, les échalotes, la ciboulette et l'huile d'olive, les assaisonner puis répartir le mélange dans les emporte-pièces en l'y pressant bien.

À l'aide d'une spatule de métal ou d'une pelle à poisson, mettre un emporte-pièce au centre de chaque assiette. Retirer délicatement l'emporte-pièce puis disposer de la vinaigrette autour de la timbale et servir.

Comment peler les tomates

Inciser en croix la base des tomates puis les plonger dans de l'eau bouillante. Les laisser tremper quelques minutes, jusqu'à ce que leur peau commence à se fendiller, puis les peler.

PORTIONS : 4

PRÉPARATION : 15 MINUTES

MARINAGE : 6 À 12 HEURES

salade aux oranges marinée, à la feta et aux olives

4 oranges (Navel de préférence)
75 ml (5 c. à soupe) de vinaigre de vin blanc
45 g (3 c. à soupe) de sucre semoule
1 piment rouge, en fines rondelles
75 ml (5 c. à soupe) d'huile d'olive
30 ml (2 c. à soupe) d'olives noires, dénoyautées
175 g (6 oz) de feta, coupée en cubes de 1 cm (½ po)
15 ml (1 c. à soupe) d'origan ou de persil, haché
Feuilles de roquette ou mini-épinards, pour garnir (facultatif)
Sel et poivre noir, fraîchement moulu
Grains de poivre noir, concassés

Peler les oranges en s'assurant d'en éliminer toute la peau blanche, puis les couper en tranches de 5 mm (¼ de po) d'épaisseur. Éliminer les pépins puis mettre les tranches dans un plat peu profond. Faire bouillir le vinaigre et le sucre 2 à 3 minutes, ajouter le piment puis verser le mélange sur les oranges. Couvrir et laisser macérer toute la nuit.

Le lendemain, égoutter le jus des oranges en le recueillant dans un bol. Incorporer au fouet l'huile d'olive au jus, et saler et poivrer la vinaigrette au goût. Mettre les tranches d'orange dans un bol de service. Incorporer les olives, la feta et l'origan (ou le persil) à la vinaigrette puis verser celle-ci sur les oranges. Saupoudrer la salade de poivre noir concassé et garnir le tout de feuilles de roquette ou d'épinards (si on s'en sert). Servir aussitôt.

NOTE

On peut remplacer la feta par du haloumi ou un fromage de chèvre ferme. Pour atténuer le goût fort et salé de la feta, on peut la faire tremper d'abord dans de l'eau ou du lait tiède.

Valeur nutritive, par portion :
Calories : 406
Matières grasses : 30 g
Glucides : 27 g
Sel : 2,23 g
Gras saturés : 8,5 g
Fibres : 2,1 g

PORTIONS : 4

PRÉPARATION : 10 MINUTES

CUISSON : 20 MINUTES

salade de betteraves, tomates, coriandre et labneh

400 g (14 oz) de petites betteraves nouvelles
200 g (7 oz) de tomates cerises rouges, coupées en deux
100 g (3 ½ oz) de tomates cerises jaunes, coupées en deux
Le jus de ½ citron
90 ml (⅓ de tasse) d'huile d'olive vierge
2,5 ml (½ c. à thé) de graines de coriandre, grossièrement pilées au mortier
Sel
Poivre de Cayenne
100 g (3 ½ oz) de feuilles de coriandre
20 petites boulettes de labneh (voir ci-contre)

Mettre les betteraves dans une casserole, les couvrir d'eau froide et amener à ébullition. Réduire le feu et laisser mijoter les betteraves jusqu'à ce qu'elles soient juste tendres (on peut aussi les faire cuire à la vapeur). Bien égoutter les betteraves, les peler puis les couper en moitiés ou en quartiers, de sorte qu'elles soient de la même grosseur que les moitiés de tomates. Mettre les betteraves et les tomates dans un grand bol puis ajouter le jus de citron, l'huile d'olive et les graines de coriandre. Assaisonner de sel et de poivre de Cayenne au goût, et mélanger le tout. Incorporer les feuilles de coriandre à la salade et garnir celle-ci de boulettes de labneh. Servir aussitôt.

NOTE

Le labneh est un fromage à base de yogourt filtré qu'on peut se procurer dans les épiceries moyen-orientales et quelques supermarchés. On peut facilement en fabriquer à la maison en laissant s'égoutter du yogourt grec épais dans de la mousseline pendant 2 jours, de manière à en obtenir un fromage qu'on peut façonner en boulettes avec ses mains.

Valeur nutritive, par portion :
Calories : 254
Matières grasses : 19 g
Glucides : 12 g
Sel : 0,94 g
Gras saturés : 3,6 g
Fibres : 2,7 g

DONNE : 30 ROULÉS

PRÉPARATION : 45 MINUTES

roulés au thon et aux légumes

150 g (5 oz) de thon à sushis très frais
50 g (2 oz) de pois mange-tout, coupés en allumettes
50 g (2 oz) de carotte, coupée en allumettes
50 g (2 oz) de radis daikon, coupé en allumettes
Un petit bouquet de feuilles de moutarde et de cresson
8 feuilles de papier de riz rondes de 21 cm (8 ½ po)
Graines de sésame noires, pour garnir

Marinade

15 ml (1 c. à soupe) de sauce soja sucrée
Le jus et le zeste râpé de 2 limes
15 ml (1 c. à soupe) de vinaigre à sushis

Trempette

30 ml (2 c. à soupe) de sauce soja légère
15 g (1 c. à soupe) de sucre
15 ml (1 c. à soupe) de vinaigre à sushis
5 ml (1 c. à thé) de gingembre, pelé et finement haché
1 gousse d'ail, finement hachée
10 ml (2 c. à thé) de sauce aux piments douce

Valeur nutritive, par portion :
Calories : 15
Matières grasses : 0 g
Glucides : 2 g
Sel : 0,34 g
Gras saturés : 0,1 g
Fibres : 0,1 g

Préparer d'abord tous les ingrédients. Tapisser un plateau de papier parchemin. Couper le thon en tranches fines et réserver. Sur un autre plateau, disposer les légumes, les feuilles de moutarde et de cresson. Préparer la marinade en en mélangeant tous les ingrédients.

Mélanger tous les ingrédients de la trempette, saler et poivrer au goût.

Faire ramollir les feuilles de papier de riz dans un bol d'eau froide 3 à 4 minutes. Retirer les feuilles de l'eau puis couper chacune en diagonale en 4 triangles; placer ensuite les triangles, tous dans le même sens, sur un linge, et les assaisonner. Passer les tranches de thon dans la marinade puis les placer sur la partie la plus large des triangles. Mettre ensuite 3 morceaux de chaque légume sur le thon et ajouter quelques feuilles de moutarde et de cresson. Rouler les feuilles de papier de riz sur elles-mêmes puis les disposer sur un plateau tapissé d'un linge. Pour les empêcher de sécher, les couvrir d'une pellicule de plastique. Réfrigérer jusqu'au moment requis.

Au moment de servir, mettre les roulés dans une grande assiette de service et les garnir de graines de sésame. Mettre la trempette dans des petits bols et servir aussitôt.

NOTE

Si on n'aime pas le thon, on peut le remplacer par du saumon frais ou des crevettes tigrées cuites.

PORTIONS : 4

PRÉPARATION : 10 MINUTES

CUISSON : 15 MINUTES

couscous aux courgettes jaunes et aux crevettes

275 g (9 oz) de couscous
500 ml (2 tasses) d'eau bouillante
30 ml (2 c. à soupe) d'huile d'olive légère
16 grosses crevettes crues, déveinées
1 piment rouge, épépiné et finement haché
1 gousse d'ail, broyée
4 petites courgettes jaunes, tranchées
10 g (2 c. à soupe) d'amandes effilées, rôties
25 g (1 oz) de raisins de Smyrne
12 olives noires
30 ml (2 c. à soupe) de menthe fraîche, hachée
5 ml (1 c. à thé) de citron confit salé, haché
Sel et poivre noir, fraîchement moulu

Vinaigrette
125 ml (½ tasse) d'huile d'olive
Le jus de 1 citron
1 gousse d'ail, broyée
15 ml (1 c. à soupe) de vinaigre de vin blanc
15 ml (1 c. à soupe) de menthe fraîche, hachée

Valeur nutritive, par portion :
Calories : 612
Matières grasses : 39 g
Glucides : 42 g
Sel : 1,38 g
Gras saturés : 5,1 g
Fibres : 1,4 g

Mettre le couscous dans un grand bol, y verser l'eau bouillante, puis couvrir le bol et laisser reposer 5 minutes. Aérer le couscous avec une fourchette puis le couvrir de nouveau et laisser reposer 5 minutes. Aérer de nouveau le couscous puis l'assaisonner au goût.

Faire chauffer l'huile dans une poêle à frire puis y faire sauter les crevettes, le piment, l'ail et les courgettes 3 à 4 minutes, jusqu'à ce que les crevettes et les courgettes soient cuites. Ajouter les amandes rôties, les raisins secs, les olives, la menthe et le citron confit. Assaisonner au goût, ajouter le couscous et bien mélanger le tout.

Fouetter ensemble les ingrédients de la vinaigrette, assaisonner celle-ci au goût, puis l'incorporer au couscous et servir tiède.

NOTE

On peut remplacer les crevettes par du poulet ou du saumon.

PORTIONS : 4

PRÉPARATION : 45 MINUTES

MARINAGE : 2 À 3 JOURS

saumon mariné aux herbes et au citron

Le jus de 2 citrons
200 ml (¾ de tasse) d'huile d'olive
60 ml (¼ de tasse) d'herbes hachées (aneth, coriandre, cerfeuil ou autres), mélangées
Sel et poivre noir
350 g (¾ de lb) de filets de saumon
15 ml (1 c. à soupe) de graines de coriandre
60 g (2 ½ oz) de gros sel de mer
Le zeste râpé de 1 citron
30 ml (2 c. à soupe) de moutarde de Dijon
50 g (2 oz) de crème fraîche

Mettre la moitié du jus de citron, l'huile d'olive et 45 ml (3 c. à soupe) d'herbes hachées dans un pot de verre, assaisonner généreusement, fermer hermétiquement et bien agiter. Réfrigérer la vinaigrette 2 à 3 jours pour permettre aux saveurs de s'amalgamer.

Préchauffer le gril du four. Retirer la peau du saumon, passer les doigts dans le sens contraire du grain de la chair et enlever les arêtes avec des pinces. Mettre les graines de coriandre sur une plaque de four et les faire griller quelques minutes sous le gril. Les laisser refroidir, les piler grossièrement au mortier et les mettre dans un bol. Ajouter le gros sel, le zeste de citron et un tour de moulin de poivre noir. Étendre une double épaisseur de pellicule de plastique sur une surface de travail et y répandre la moitié du mélange salé puis arroser de la moitié du reste du jus de citron. Y mettre le saumon puis le couvrir du reste du mélange salé et arroser du reste du jus de citron. Bien envelopper le saumon dans la pellicule de plastique, le mettre sur un plateau et réfrigérer 24 heures. Retirer le saumon de la pellicule plastique puis en jeter toute la marinade. Incorporer le reste des herbes, soit environ 15 ml (1 c. à soupe) à la moutarde. Étendre un autre morceau de pellicule de plastique et y badigeonner le saumon de la moitié du mélange herbes et moutarde. Retourner le saumon et le badigeonner de l'autre côté. Envelopper étroitement le saumon et le réfrigérer 24 heures.

Sortir le saumon du réfrigérateur et le trancher le plus finement possible. En placer quelques tranches au centre de chaque assiette de service. Sortir la vinaigrette aux herbes du réfrigérateur, bien l'agiter et en arroser un peu chaque assiette. Mettre des cuillerées de crème fraîche autour des tranches de saumon et servir.

Valeur nutritive, par portion :
Calories : 630
Matières grasses : 60 g
Glucides : 3 g
Sel : 4,44 g
Gras saturés : 10,8 g
Fibres : 0,1 g

PORTIONS : 4

PRÉPARATION : 10 MINUTES

CUISSON : 20 MINUTES

MARINAGE : 1 À 2 JOURS

maquereau piquant mariné

2 gros (ou 4 petits) maquereaux, parés et étêtés
Sel
10 à 12 g (1 c. à soupe comble) de farine
30 ml (2 c. à soupe) d'huile d'olive
½ oignon, pelé et émincé
1 gousse d'ail, pelée et broyée
1 piment vert doux, émincé
15 ml (1 c. à soupe) de persil, haché
1 feuille de laurier, émiettée
6 grains de poivre noir, grossièrement broyés
3 ou 4 brins de thym
60 ml (¼ de tasse) de vinaigre de xérès (ou autre bon vinaigre)
30 ml (2 c. à soupe) d'eau

Couper chaque poisson en 4 à 6 darnes épaisses (on peut demander à son poissonnier de les préparer). Saler les darnes puis les saupoudrer de farine. Faire chauffer l'huile dans une poêle à frire peu profonde et, quand elle commence à fumer légèrement, y faire dorer les darnes de 4 à 8 minutes, selon leur épaisseur. Mettre les darnes dans un plat peu profond.

Ajouter l'oignon, l'ail et le piment à l'huile de la poêle, avec un peu d'huile neuve au besoin, et les faire frire doucement le temps de permettre à leurs saveurs de s'amalgamer. Ajouter le reste des ingrédients et amener le tout à ébullition.
Verser ce mélange tel quel sur le poisson. Couvrir le plat d'un linge et laisser macérer toute la nuit (ou plus longtemps) dans un lieu frais. Le plat est prêt à être consommé le lendemain ou, mieux encore, le surlendemain.

Valeur nutritive, par portion :
Calories : 301
Matières grasses : 22 g
Glucides : 7 g
Sel : 0,42 g
Gras saturés : 3,8 g
Fibres : 0,6 g

PORTIONS : 4

PRÉPARATION : 15 MINUTES

MARINAGE : 1 À 2 HEURES

salade de cœurs de palmier et de crabe

1 boîte de cœurs de palmier, coupés en fines lanières
90 ml (⅓ de tasse) d'huile d'olive
30 ml (2 c. à soupe) de jus de lime
Quelques gouttes de Tabasco
5 ml (1 c. à thé) de gros sel

Garniture
1 laitue romaine, en lanières
Environ 350 g (¾ de lb) de chair de crabe (conserver la carapace pour servir)
Noix de coco fraîche, râpée

Mélanger les cœurs de palmier et les ingrédients de la vinaigrette, et les faire mariner 1 à 2 heures. Ajouter ce mélange à la romaine en lanières et à la chair de crabe, mélanger, puis incorporer la noix de coco râpée. Servir aussitôt.

NOTE

Préparer les cœurs de palmier en conserve ou, mieux encore, frais, en en éliminant d'abord les parties coriaces extérieures puis, à l'aide d'un couteau à peler, en les coupant en fines lanières.

Valeur nutritive, par portion :
Calories : 297
Matières grasses : 23 g
Glucides : 3 g
Sel : 2,22 g
Gras saturés : 4,1 g
Fibres : 1,6 g

PORTIONS : 20

PRÉPARATION : 20 MINUTES

CUISSON : 40 MINUTES

chaudrée de palourdes manhattan

Huile végétale inodore
5 oignons moyens, pelés et coupés en gros dés
8 gousses d'ail, finement hachées
1 pied de céleri, paré, pelé et coupé en dés
110 g (¼ de lb) de lardons de bacon fumé
4,5 kg (10 lb) de palourdes fraîches, nettoyées à fond
600 ml (2 ⅓ tasses) de vin blanc sec
1,8 litre (7 tasses) de jus de tomate épais
3,6 litres (14 tasses) de bouillon de poisson
10 ml (2 c. à thé) de Tabasco
2 feuilles de laurier
5 épis de maïs, cuits puis égrenés
1 kg (2 ¼ lb) de pommes de terre, coupées en dés puis cuites
12 tomates italiennes, pelées, épépinées et coupées en dés
15 g (1 c. à soupe) de sucre semoule
Sel et poivre noir. fraîchement moulu
30 ml (2 c. à soupe) de persil plat, lavé, asséché puis haché, pour garnir

Faire chauffer un peu d'huile dans une casserole assez grande pour contenir les palourdes. Ajouter les oignons, l'ail, le céleri et les lardons, puis les faire revenir jusqu'à ce qu'ils soient tendres. Augmenter le feu et ajouter les palourdes et le vin blanc. Couvrir la casserole et faire cuire 4 à 5 minutes, jusqu'à ce que les palourdes soient ouvertes. Retirer les palourdes de leurs coquilles en jetant celles qui ne se sont pas ouvertes. Garder 12 palourdes, avec leurs coquilles, pour la garniture et réserver le reste.

Remettre la casserole sur le feu avec le liquide de cuisson. Ajouter le jus de tomate, le bouillon de poisson, le Tabasco et le laurier, amener à ébullition puis laisser mijoter 20 minutes. Assaisonner, puis ajouter le maïs, les pommes de terre, les palourdes, les tomates et le sucre. Vérifier l'assaisonnement, verser la soupe dans une soupière, puis la garnir de persil et des 12 palourdes réservées.

Valeur nutritive, par portion :
Calories : 174
Matières grasses : 4 g
Glucides : 21 g
Sel : 1,69 g
Gras saturés : 0,8 g
Fibres : 2,8 g

PORTIONS : 4

PRÉPARATION : 10 MINUTES

CUISSON : 20 MINUTES

pétoncles au gingembre, aux ciboules et au tamarin

15 ml (1 c. à soupe) de pâte de tamarin
Un morceau de gingembre de 2 cm (¾ de po) de longueur, pelé et râpé
2 ciboules, émincées sur le long et trempées en eau glacée
45 ml (3 c. à soupe) d'huile végétale (et plus pour la friture)
15 ml (1 c. à soupe) d'huile de sésame grillée
12 pétoncles
Sel

Mettre la pâte de tamarin et 60 ml (1/4 de tasse) d'eau dans une casserole et les faire chauffer doucement en brassant, de manière à extraire le plus possible de jus de tamarin. Réserver et laisser refroidir.

Filtrer le jus de tamarin et y mélanger le gingembre, les ciboules égouttées et les deux huiles.

Saler les pétoncles. Bien faire chauffer une poêle à frire puis y mettre un peu d'huile. Une fois l'huile bien chaude, y faire frire les pétoncles à feu vif de manière à ne les cuire que 45 secondes de chaque côté.

Mettre les pétoncles dans de petites assiettes de service ou mieux dans des coquilles Saint-Jacques bien brossées. Garnir les pétoncles du mélange au tamarin.

NOTE

Si les pétoncles sont trop gros, ils risquent de rester froids et mal cuits au centre. Afin d'éviter cela, on peut tout simplement les couper en deux rondelles.

Valeur nutritive, par portion :
Calories : 214
Matières grasses : 12 g
Glucides : 3 g
Sel : 0,92 g
Gras saturés : 1,7 g
Fibres : 0,1 g

PORTIONS : 8

PRÉPARATION : 15 MINUTES

CUISSON : 20 MINUTES

salade de nouilles transparentes au poulet et aux crevettes

7 g (¼ d'oz) de champignons chinois (oreilles de Judas)
600 ml (2 ⅓ tasses) de bouillon de poulet
2 poitrines de poulet, dépouillées
200 g (7 oz) de nouilles transparentes
75 g (3 oz) de mooli ou de radis
45 ml (3 c. à soupe) de nam pla (sauce au poisson thaïlandaise)
45 ml (3 c. à soupe) de jus de lime, fraîchement pressé
15 g (1 c. à soupe) de sucre semoule
2 à 4 piments rouges thaïlandais, épépinés et finement hachés
1 oignon rouge, émincé
2 ciboules, émincées en biseau
Quelques feuilles tendres de céleri (facultatif)
32 grosses (ou 48 petites) crevettes, cuites
110 g (¼ de lb) de feuilles de coriandre
Sel et poivre noir, fraîchement moulu
Brins de coriandre et quelques tranches de piments rouge et vert, pour garnir

Valeur nutritive, par portion :
Calories : 206
Matières grasses : 3 g
Glucides : 24 g
Sel : 1,88 g
Gras saturés : 0,4 g
Fibres : 1 g

Mettre les champignons dans un bol, les couvrir d'eau chaude et les laisser se réhydrater 15 minutes. Égoutter les champignons, les rincer puis en éliminer les morceaux coriaces. Couper les champignons en fines lanières.

Amener le bouillon de poulet à ébullition, le saler au goût puis y mettre les poitrines de poulet. Ramener à ébullition et laisser mijoter 8 minutes. Retirer la casserole du feu, couvrir et laisser refroidir, puis hacher le poulet.

Mettre les nouilles dans un autre bol, les couvrir d'eau bouillante et laisser reposer 5 minutes. Égoutter les nouilles puis, à l'aide d'un couteau ou de ciseaux, les couper en morceaux de 8 à 10 cm (3 à 4 po) de long. Peler les mooli ou les radis et les émincer. Les mettre dans un bol d'eau glacée pour leur donner du croquant.

Mélanger le nam pla, le jus de lime, le sucre et les piments hachés dans un grand bol. Ajouter l'oignon, les ciboules, les feuilles de céleri et les champignons, et bien mélanger le tout.

Égoutter à fond les mooli et les ajouter au plat avec les nouilles, les crevettes, le poulet et la coriandre. Mélanger délicatement la salade.

Vérifier l'assaisonnement puis servir la salade garnie de brins de coriandre et de quelques tranches fines de piment.

PORTIONS : 4

PRÉPARATION : 10 MINUTES

CUISSON : 20 MINUTES

loup de mer à la vapeur à la sauce aux haricots noirs

Un morceau de gingembre de 1 cm (½ po) de longueur, pelé et émincé
4 ciboules, coupées en deux sur le long
1 loup de mer d'environ 800 g (1 ¾ lb)
4 pak choy, parés
45 ml (3 c. à soupe) d'huile végétale

Sauce aux haricots noirs
45 ml (3 c. à soupe) de haricots noirs fermentés, grossièrement hachés
15 ml (1 c. à soupe) de sauce soja
10 ml (2 c. à thé) de xérès semi-sec
10 ml (2 c. à thé) de vinaigre de riz
Poivre

Garniture
10 ml (2 c. à thé) d'huile de sésame rôtie
10 ml (2 c. à thé) de graines de sésame, rôties à sec
15 ml (1 c. à soupe) de coriandre, hachée

Valeur nutritive, par portion :
Calories : 265
Matières grasses : 13 g
Glucides : 4 g
Sel : 1,17 g
Gras saturés : 1,7 g
Fibres : 0,5 g

Sauce aux haricots noirs : Mélanger les haricots noirs, la sauce soja, le xérès, le vinaigre de riz, une bonne pincée de poivre et 30 ml (2 c. à soupe) d'eau. Réserver.

Farcir le poisson de gingembre et de ciboules. Mettre le poisson farci et les pak choy dans une assiette, mettre celle-ci dans une étuveuse et faire cuire 10 à 15 minutes, ou jusqu'à ce que le poisson soit cuit mais encore ferme. Placer ensuite le poisson et les pak choy dans un four doux. Incorporer le liquide de cuisson du poisson à la sauce aux haricots.

Faire chauffer une poêle à frire et, quand elle est bien chaude, y verser l'huile. Après quelques secondes, y mettre la sauce aux haricots et la faire cuire 1 minute environ en remuant constamment de manière à en obtenir une émulsion. Retirer la sauce du feu.

Mettre les pak choy dans une grande assiette de service, disposer le poisson dépouillé dessus. Arroser généreusement le poisson de sauce puis d'un filet d'huile de sésame. Garnir le plat de graines de sésame rôties et d'un peu de coriandre, et servir aussitôt.

PORTIONS : 4

PRÉPARATION : 10 MINUTES

CUISSON : 45 MINUTES

boulettes de viande au bouillon à l'origan

Boulettes

15 ml (1 c. à soupe) de riz
350 g (¾ de lb) de viande (porc ou porc et bœuf), finement hachée
1 œuf, battu à la fourchette
1 gousse d'ail, très finement hachée
½ oignon, très finement haché
15 ml (1 c. à soupe) d'origan, broyé ou haché
2,5 ml (½ c. à thé) de piment de la Jamaïque, moulu
5 ml (1 c. à thé) de piment frais, finement haché ou 2,5 ml (½ c. à thé) de flocons de piment
Sel
Tomate, hachée, pour servir

Bouillon

1,2 litre (5 tasses) de bouillon goûteux de poulet, de bœuf ou d'os à moelle
1 ou 2 piments habañero ou malagueta
1 ou 2 brins d'origan séché

Valeur nutritive, par portion :
Calories : 203
Matières grasses : 10 g
Glucides : 7 g
Sel : 1,44 g
Gras saturés : 3,6 g
Fibres : 0,5 g

Mettre le riz dans un petit bol et lui ajouter juste assez d'eau bouillante pour le couvrir. Laisser gonfler le riz 20 minutes environ. Égoutter le riz puis le mettre dans le robot de cuisine avec le reste des ingrédients des boulettes. Réduire le tout en purée. Tout en gardant un bol d'eau tiède à portée de main (pour se rincer les doigts), se mouiller les mains et façonner le mélange en 24 boulettes de la grosseur d'une bouchée.

Amener le bouillon, les piments et l'origan (ces deux derniers ensachés dans de la mousseline) à ébullition. Y mettre les boulettes et ramener à ébullition. Couvrir partiellement la casserole et faire cuire les boulettes jusqu'à ce qu'elles soient tendres, 20 à 25 minutes environ. Servir les boulettes et le bouillon dans des bols avec un peu de tomate hachée.

PORTIONS : 4

PRÉPARATION : 20 MINUTES

CUISSON : 25 MINUTES

rouleau de bœuf rôti au gingembre, aux carottes et aux poivrons

- 1 tranche mince de surlonge d'environ 450 g (1 lb), parée
- 110 g (¼ de lb) de gingembre, pelé et coupé en fines allumettes
- 2 grosses carottes, pelées et coupées en fines allumettes
- 5 piments jalapeños, épépinés et coupés en fines allumettes
- 2 poivrons rouges ou jaunes, coupés en deux, épépinés et coupés en fines allumettes
- 1 boîte de cœurs de palmier, égouttés et coupés en fines allumettes
- Un peu d'huile d'olive

Mettre la tranche de bœuf sur une pellicule de plastique puis la couvrir d'une autre pellicule de plastique. Aplatir la tranche avec un rouleau à pâtisserie de manière à obtenir un rectangle d'environ 5 mm (¼ de po) d'épaisseur en en égalisant les côtés; garder les surplus pour une autre recette ou une sauce. Enlever et jeter la pellicule de plastique.

Empiler les allumettes de gingembre, de carotte, de piment, de poivron et de cœur de palmier au milieu de la viande, en laissant les deux tiers de la tranche à découvert et en gardant une marge d'au moins 1 cm (½ po) vers le bas de la tranche. Rouler la tranche sur elle-même en emprisonnant les légumes.

Faire chauffer une grande poêle à frire, y verser un peu d'huile d'olive et, quand celle-ci commence à fumer, y mettre le rouleau de bœuf et le faire rôtir de tous les côtés. À l'aide de pinces de cuisine, retirer le rouleau de la poêle, le mettre sur une planche à découper et couper en deux puis en quatre. Mettre les tranches farcies dans des assiettes creuses chaudes et les servir avec un plat de sauce teriyaki et du riz glutineux thaïlandais, si désiré.

Valeur nutritive, par portion :

Calories : 264

Matières grasses : 9 g

Glucides : 17 g

Sel : 0,28 g

Gras saturés : 2,5 g

Fibres : 4,5 g

NOTE

La tranche de surlonge doit être mince sinon on aura beaucoup de difficulté à réaliser cette recette. On peut aussi piquer le rouleau de cure-dents qu'on enlève au moment où on le découpe.

repas des grands jours

PORTIONS : 6

PRÉPARATION : 10 MINUTES

CUISSON : 1 HEURE

soupe à l'oignon gratinée

50 g (2 oz) de beurre

1,3 kg (3 lb) d'oignons, émincés

1,8 litre (7 tasses) de bouillon de bœuf, de poulet ou de légumes

6 tranches de baguette de 1 cm (½ po) d'épaisseur, rôties

75 g (3 oz) de gruyère, râpé

Sel et poivre noir, fraîchement moulu

Faire fondre le beurre dans une casserole, puis y faire revenir les oignons à feu doux 40 à 60 minutes, à découvert, en remuant souvent. Une fois cuits, les oignons seront foncés et caramélisés, mais non brûlés. Ajouter le bouillon, saler et poivrer, amener à ébullition et faire cuire 10 minutes de plus. Verser la soupe dans les bols, y mettre une tranche de pain puis couvrir celle-ci de fromage râpé. Passer les bols sous le gril jusqu'à ce que le fromage soit fondu et bien doré. Servir aussitôt et déguster lentement.

Valeur nutritive, par portion :

Calories : 280

Matières grasses : 12 g

Glucides : 34 g

Sel : 1,97 g

Gras saturés : 7,3 g

Fibres : 3,5 g

PORTIONS : 4

PRÉPARATION : 20 MINUTES

CUISSON : 45 MINUTES

soupe aux pommes de terre et à la polenta

- 2 ou 3 grosses pommes de terre, pelées et coupées en morceaux
- 1 grosse tranche de citrouille, pelée et coupée en morceaux
- 1,2 litre (5 tasses) de bouillon de poulet, de bœuf ou d'eau
- 1 oignon, finement haché
- 2 ou 3 gousses d'ail, finement hachées
- 60 ml (¼ de tasse) de polenta à texture grossière
- 5 ml (1 c. à thé) de flocons de piment ou de piment frais, finement haché
- Une poignée de feuilles de basilic, sans les tiges
- 2 œufs durs, coupés en quartiers
- Sel

Mettre les pommes de terre, la citrouille, l'oignon, l'ail et le bouillon (ou l'eau) dans une grande casserole. Amener à ébullition puis incorporer la polenta. Saler légèrement et ramener à ébullition. Couvrir partiellement la casserole et laisser mijoter la soupe 30 à 40 minutes, jusqu'à ce que la polenta et les légumes soient bien tendres. Ajouter les flocons de piment, le basilic et les quartiers d'œufs, et servir aussitôt.

Valeur nutritive, par portion :

Calories : 204

Matières grasses : 4 g

Glucides : 34 g

Sel : 1.37 g

Gras saturés : 0,9 g

Fibres : 2,9 g

PORTIONS : 4

PRÉPARATION : 10 MINUTES

CUISSON : 1 ½ HEURE

ragoût de topinambours et de champignons

900 g (2 lb) de topinambours
1 citron
60 ml (¼ de tasse) d'huile d'olive
2 gros oignons, finement hachés
2 gousses d'ail, finement hachées
225 g (½ lb) de champignons, coupés en dés
5 ml (1 c. à thé) de thym séché
1 petit verre de vin blanc
30 ml (2 c. à soupe) d'olives vertes, dénoyautées et hachées
Chapelure (1 tranche de pain rassis, broyée)
1 œuf dur, haché
Sel et poivre noir, fraîchement moulu

Garniture
Fromage blanc, émietté, ou œuf dur, grossièrement haché
Feuilles de laitue croquantes (en guise d'ustensiles)

Peler soigneusement les topinambours et les couper en morceaux d'une bouchée. Mettre les topinambours dans de l'eau citronnée froide à mesure qu'on les pèle.

Faire chauffer l'huile dans une grande casserole puis y faire dorer les oignons et l'ail. Glisser ces derniers sur un côté de la casserole et y mettre les champignons. Dès que les champignons ont dégorgé, ajouter les topinambours et les olives, et les faire frire un peu. Incorporer le thym, saler et poivrer au goût, ajouter le vin et la même quantité d'eau, et ramener à ébullition.

Réduire le feu, couvrir partiellement et laisser mijoter la soupe 1 heure, ou jusqu'à ce que tous les légumes soient bien tendres. Incorporer ensuite la coriandre et la chapelure qui absorbera une partie du bouillon, laissant les tubercules baigner dans une sauce délicieusement parfumée. Servir la soupe garnie de fromage blanc ou d'œuf dur avec les feuilles de laitue en guise d'ustensiles.

Valeur nutritive, par portion :
Calories : 332
Matières grasses : 14 g
Glucides : 42 g
Sel : 0,72 g
Gras saturés : 2,1 g
Fibres : 5 g

PORTIONS : 4

PRÉPARATION : 10 MINUTES

CUISSON : 45 MINUTES

tagliatelles au poulet rôti, aux champignons et au piment

8 cuisses de poulet (de ferme, si possible)
30 ml (2 c. à soupe) d'huile d'olive
Sel et poivre noir
400 g (14 oz) de tagliatelles fraîches
6 échalotes, finement hachées
½ piment rouge, épépiné et finement haché
310 g (11 oz) de shiitakes, tranchés
60 ml (¼ de tasse) de coriandre, hachée

Préchauffer le four à 180 °C/350 °F/4 au four à gaz. Mettre les cuisses de poulet dans une rôtissoire et les arroser de la moitié de l'huile d'olive. Assaisonner et faire rôtir les cuisses de 20 à 30 minutes (selon leur grosseur), jusqu'à ce qu'elles soient tendres et bien cuites.

Augmenter la chaleur du four à 200 °C/400 °F/6 au four à gaz et faire rôtir les cuisses 10 minutes de plus, jusqu'à ce que leur peau soit bien dorée et croustillante. Entre-temps, faire cuire les tagliatelles *al dente*, 2 minutes environ, dans une grande casserole d'eau bouillante salée. Égoutter les pâtes et les passer rapidement sous l'eau froide courante.

Dans une grande poêle à frire non adhésive, faire chauffer le reste de l'huile d'olive puis y faire revenir les échalotes 1 minute, en remuant. Ajouter le piment et les shiitakes, augmenter le feu et faire cuire 2 minutes en remuant constamment.

Mélanger les tagliatelles, les champignons et une bonne partie de la coriandre. Assaisonner au goût. Répartir les pâtes dans 4 assiettes creuses et disposer les cuisses dessus. Garnir du reste de coriandre et servir aussitôt.

Valeur nutritive, par portion :
Calories : 773
Matières grasses : 38 g
Glucides : 56 g
Sel : 0,69 g
Gras saturés : 1,1 g
Fibres : 2,9 g

PORTIONS : 4

PRÉPARATION : 15 MINUTES

CUISSON : 40 MINUTES

brème et légumes-racines au four

450 g (1 lb) de patates douces, pelées et coupées en morceaux
450 g (1 lb) de pommes de terre, pelées et coupées en morceaux
450 g (1 lb) de petits oignons jaunes, pelés et coupés en quartiers
450 g (1 lb) de tomates mûres mais fermes, coupées en morceaux
1 verre de vin blanc sec
60 ml (¼ de tasse) d'huile d'olive
1 brème pesant environ 900 g (2 lb) une fois nettoyée (avec la tête)
Gros sel
Flocons de piment

Mettre tous les légumes dans la rôtissoire, les arroser du vin puis de l'huile, et assaisonner généreusement de gros sel et de flocons de piment. Couvrir la rôtissoire d'un morceau de papier d'aluminium, le côté brillant vers le bas.

Faire cuire au four 20 minutes, à 180 °C/350 °F/4 au four à gaz, jusqu'à ce que les légumes soient presque cuits. Enlever délicatement le morceau de papier d'aluminium, mettre le poisson sur les légumes, l'assaisonner de gros sel et de flocons de piment puis remettre le morceau de papier d'aluminium en place et faire cuire 10 minutes, jusqu'à ce que le poisson soit bien cuit et ferme au toucher. Retirer la rôtissoire du four et laisser reposer le tout 10 minutes de manière à ce que la chaleur pénètre complètement le poisson.

Valeur nutritive, par portion :
Calories : 510
Matières grasses : 17 g
Glucides : 48 g
Sel : 1,05 g
Gras saturés : 2,8 g
Fibres : 6,1 g

PORTIONS : 8

PRÉPARATION : 20 MINUTES

CUISSON : 30 MINUTES

beaudroie d'amérique aux pignons et aux raisins secs

700 g (1 ½ lb) de queue de beaudroie d'Amérique
600 ml (2 ⅓ tasses) d'eau
6 grains de poivre noir
1 gros oignon espagnol, pelé et émincé
45 ml (3 c. à soupe) d'huile d'olive
50 g (2 oz) de raisins de Smyrne
5 ml (1 c. à thé) de safran
175 ml (⅔ de tasse) de vin blanc fruité
50 g (2 oz) de pignons
Sel de mer

Couper le bout de la queue du poisson (le garder pour le bouillon) et couper la chair de la queue en cubes d'environ 5 cm (2 po). Mettre l'eau dans une casserole, y mettre le bout de la queue et les grains de poivre noir, et faire bouillir doucement 20 minutes, de manière à obtenir un bouillon clair.

Filtrer le bouillon et le verser sur les raisins secs. Laisser reposer 15 minutes puis égoutter les raisins en réservant 175 ml (⅔ de tasse) du bouillon. Y faire tremper le safran.

Dans une poêle à fond épais, faire chauffer l'huile d'olive à feu moyen puis y faire frire l'oignon 10 minutes, jusqu'à ce qu'il soit doré, en remuant fréquemment.

Augmenter le feu puis mettre les morceaux de beaudroie d'Amérique dans la poêle et les faire frire 3 à 4 minutes, en les retournant plusieurs fois, jusqu'à ce qu'ils soient légèrement dorés. Ajouter le vin et faire bouillir fortement 1 minute. Ajouter le bouillon au safran, les raisins secs, les pignons et une bonne pincée de sel. Amener le tout à ébullition, puis réduire le feu et laisser mijoter 10 minutes. Vérifier l'assaisonnement avant de servir.

Valeur nutritive, par portion :
Calories : 378
Matières grasses : 19 g
Glucides : 18 g
Sel : 0,34 g
Gras saturés : 2,6 g
Fibres : 1,6 g

PORTIONS : 4

PRÉPARATION : 20 MINUTES

CUISSON : 20 MINUTES

barbue au concombre, à la carotte et à la crème fraîche aux herbes

200 g (7 oz) de crème fraîche
Le jus de ½ citron
15 ml (1 c. à soupe) d'herbes fraîches (aneth, cerfeuil, ciboulette ou autres), mélangées et hachées
2 concombres
2 grosses carottes
30 ml (2 c. à soupe) d'huile d'olive
4 filets de barbue de 150 g (5 oz) chacun, avec la peau

Mettre la crème fraîche dans un bol et lui incorporer le jus de citron et les herbes. Réserver 2,5 ml (½ c. à thé) du jus de citron. Assaisonner et bien mêler de nouveau, couvrir le plat d'une pellicule de plastique et le mettre au réfrigérateur, jusqu'à ce que le mélange soit bien ferme ou toute la nuit.

Peler les concombres puis les couper en deux sur la longueur et en enlever les graines à la cuiller. À l'aide d'une mandoline, couper les concombres en longues lanières fines ressemblant à des spaghettis et les mettre dans un bol. Peler les carottes et les tailler comme les concombres. Ajouter les carottes aux concombres et mélanger délicatement. Ajouter le reste du jus de citron et 5 ml (1 c. à thé) d'huile d'olive. Assaisonner généreusement les légumes, les mélanger délicatement, couvrir le plat d'une pellicule de plastique et laisser les saveurs se mêler.

Faire chauffer une poêle à frire qui n'adhère pas et, quand elle est très chaude, y verser le reste de l'huile, puis y mettre les filets de poisson, la peau vers le bas. Faire rôtir les filets 4 à 5 minutes, jusqu'à ce que la peau soit dorée et croustillante. Retourner les filets et les faire cuire 1 minute de plus, puis les assaisonner au goût.

Mettre les légumes dans 4 assiettes creuses et disposer les filets dessus. Plonger rapidement deux cuillers à soupe dans l'eau bouillante et façonner des quenelles avec la crème fraîche (garder le reste de la crème pour une autre recette). Mettre une quenelle de crème sur chaque poisson et servir aussitôt le plat avec des pommes de terre nouvelles rôties au cumin, si désiré.

Valeur nutritive, par portion :
Calories : 397
Matières grasses : 24 g
Glucides : 10 g
Sel : 0.41 g
Gras saturés : 11 g
Fibres : 2.6 g

PORTIONS : 6 À 8

PRÉPARATION : 15 MINUTES

CUISSON : 25 MINUTES

riz aux calmars et aux moules

- 900 g (2 lb) de moules, nettoyées et brossées (jeter celles qui restent ouvertes quand on les frappe)
- 60 ml (¼ de tasse) d'huile d'olive
- 800 g (1 ¾ lb) de calmars, parés et coupés en morceaux d'une bouchée
- 2 gousses d'ail, finement hachées
- 400 g (14 oz) de riz Valencia (ou autre riz à risotto)
- 400 g (14 oz) de tomates hachées en conserve
- 1 litre (4 tasses) de bouillon de poulet, chaud
- Une pincée de safran, dissoute dans un peu d'eau bouillante
- 15 ml (1 c. à soupe) de persil, haché
- 3 ou 4 citrons, coupés en deux
- Sel et poivre noir, fraîchement moulu

Mettre les moules dans une casserole, la couvrir et la mettre sur feu moyen en remuant bien. Faire cuire les moules 4 à 5 minutes, jusqu'à ce qu'elles s'ouvrent, puis découvrir la casserole et la laisser refroidir.

Faire chauffer l'huile d'olive dans une cocotte à l'épreuve du feu. Saler les calmars et les faire sauter 5 minutes. Ajouter l'ail et le riz et les faire sauter 2 minutes. Ajouter les tomates et leur jus et le bouillon. Amener à ébullition, remuer une fois et laisser mijoter le tout 20 minutes.

Entre-temps, enlever les moules de leurs coquilles en en gardant 12 entières pour garnir le plat. Jeter les moules qui ne se sont pas ouvertes. Filtrer soigneusement le liquide de la casserole. Quelques minutes avant que le riz ne soit cuit, y incorporer le liquide filtré, les moules et le bouillon au safran. Rectifier l'assaisonnement, ajouter le persil et servir le riz avec les demi-citrons.

Valeur nutritive, par portion :

Calories : 457

Matières grasses : 11 g

Glucides : 59 g

Sel : 1,69 g

Gras saturés : 1,3 g

Fibres : 1,8 g

Comment ébarber les moules

Tenir une moule dans une main, puis de l'autre, tirer la barbe vers le bas pour l'enlever. Bien brosser les moules avant de les faire cuire.

PORTIONS : 4

PRÉPARATION : 15 MINUTES

CUISSON : 45 MINUTES

risotto aux crevettes et à la feta

1,2 litre (5 tasses) de bouillon de légumes
50 g (2 oz) de petites crevettes, décortiquées et cuites
1 piment rouge, épépiné et finement haché
60 ml (¼ de tasse) d'huile d'olive
250 g (9 oz) de tomates en conserve, égouttées
Une bonne pincée d'origan séché
50 g (2 oz) de beurre
1 oignon, finement haché
4 branches entières de céleri, finement hachées
2 carottes, finement hachées
3 gousses d'ail, finement hachées
250 g (9 oz) de riz arborio
½ bouteille de bon vin blanc
Persil, haché
110 g (¼ de lb) de feta
Sel et poivre noir, fraîchement moulu

Salade de roquette et concombre
85 g (3 oz) de roquette
1 concombre, haché
30 ml (2 c. à soupe) d'huile d'olive
Le jus de 1 citron

Valeur nutritive, par portion :
Calories : 654
Matières grasses : 33 g
Glucides : 61 g
Sel : 3,24 g
Gras saturés : 12,2 g
Fibres : 4,7 g

Verser le bouillon dans une casserole et l'amener à ébullition. Pendant que le bouillon se réchauffe, faire dorer les crevettes et le piment dans 45 ml (3 c. à soupe) d'huile d'olive. Retirer du feu. Réduire les tomates en purée avec un peu d'origan et le reste de l'huile, et réserver.

Faire fondre doucement le beurre dans une cocotte à l'épreuve du feu puis y faire revenir doucement l'oignon, le céleri, les carottes et l'ail 10 minutes, jusqu'à ce qu'ils soient tendres. Incorporer le riz aux légumes et remuer pendant 3 minutes. Ajouter le vin blanc et faire cuire le riz, en remuant de temps à autre, jusqu'à ce qu'il soit ferme.

Ajouter le bouillon de légumes au riz, petit à petit, 150 ml (5 oz) à la fois, toutes les 2 à 3 minutes, en remuant de temps à autre. Une fois que tout le bouillon a été utilisé, incorporer délicatement la purée de tomates au riz puis y émietter la feta. Ajouter le persil puis les crevettes cuites. Saler et poivrer au goût.

Préparer la salade en mélangeant les feuilles de roquette, le concombre, l'huile, le jus de citron. Assaisonner la salade au goût et la servir avec le risotto.

PORTIONS : 4

PRÉPARATION : 15 MINUTES

CUISSON : 50 MINUTES

côtes d'agneau rôties à l'ail

600 g (1 ¼ lb) de pommes de terre nouvelles, brossées et coupées en tranches de 1 cm (½ po) d'épaisseur
60 ml (¼ de tasse) d'huile d'olive
6 gousses d'ail, finement hachées
10 ml (2 c. à thé) de feuilles de thym frais
4 côtes d'agneau de 175 g (6 oz) chacune
2 courgettes, coupées en gros triangles
4 tomates mûres mais fermes, coupées en quartiers
Sel et poivre noir

Préchauffer le four à 180 °C / 350 °F / 4 au four à gaz. Mettre les pommes de terre dans une grande rôtissoire, les arroser de la moitié de l'huile puis les assaisonner généreusement. Enrober les pommes de terre d'huile puis les faire rôtir au four 20 minutes. Ajouter l'ail et le thym et en enrober les pommes de terre, puis les faire cuire 8 à 10 minutes de plus, jusqu'à ce qu'elles soient tendres et croquantes. Laisser l'huile, l'ail et le thym dans la rôtissoire.

Entre-temps, faire chauffer une rôtissoire à fond épais sur la cuisinière. Assaisonner les côtes d'agneau. Verser le reste de l'huile dans la rôtissoire puis y mettre les côtes. Les faire rôtir 1 minute de chaque côté ou jusqu'à ce qu'elles soient bien dorées. Mettre les côtes, la peau vers le bas, dans la rôtissoire et les faire rôtir au four 10 à 12 minutes, jusqu'à ce qu'elles soient tendres mais encore rosées au centre.

Mettre les côtes dans un plat chaud et les garder au chaud.

Mettre les courgettes dans la rôtissoire contenant le reste de l'ail et de thym, enrober les courgettes du jus de cuisson et les faire rôtir 5 minutes. Bien incorporer les tomates au mélange puis faire cuire 5 minutes de plus en remuant les légumes à quelques reprises.

Entre-temps, mettre les pommes de terre dans les assiettes de service et les garnir de légumes cuits. Découper l'agneau et le mettre dessus, et arroser le tout du jus de cuisson. Servir aussitôt.

Valeur nutritive, par portion :
Calories : 615
Matières grasses : 41 g
Glucides : 31 g
Sel : 0,27 g
Gras saturés : 16,5 g
Fibres : 3,7 g

PORTIONS : 4

PRÉPARATION : 10 MINUTES

CUISSON : 1 ½ HEURE

tajine d'agneau et d'abricots

110 g (¼ de lb) d'abricots séchés
450 g (1 lb) d'épaule d'agneau, désossée, dégraissée et coupée en morceaux
5 ml (1 c. à thé) de gingembre moulu
5 ml (1 c. à thé) de cannelle moulue
10 ml (2 c. à thé) de poivre noir, fraîchement moulu
Une pincée de macis ou de muscade
1 gros oignon, pelé et râpé
50 g (2 oz) de noisettes de beurre doux
1 petit bouquet de coriandre
1 petit bouquet de persil plat
Sel de mer

Mettre les abricots dans un bol, les recouvrir d'eau bouillante et les laisser tremper. Mettre la viande dans une cocotte à fond épais ou dans une tajine, si on en a une. Parsemer les épices, l'oignon et le beurre sur la viande. Mettre la cocotte ou la tajine sur feu doux et faire cuire 5 minutes, le temps que les épices se parfument et que le beurre fonde (éviter de faire brunir la viande). Attacher la coriandre et le persil en bouquet et mettre celui-ci dans la cocotte ou la tajine. Ajouter juste assez d'eau pour recouvrir la viande. Amener à ébullition, réduire le feu et laisser mijoter le tout 1 heure.

Ajouter les abricots et leur liquide de trempage à la tajine. Saler au goût. Faire cuire 30 minutes de plus, jusqu'à ce que les abricots soient bien gonflés. Vérifier l'assaisonnement, enlever le bouquet d'herbes et servir la tajine avec du pain sans levain (pain pita ou autre).

Comment faire un bouquet d'herbes

Assembler les tiges des herbes et les attacher solidement avec de la ficelle.

Valeur nutritive, par portion :
Calories : 346
Matières grasses : 19 g
Glucides : 19 g
Sel : 0,5 g
Gras saturés : 10,5 g
Fibres : 2,9 g

PORTIONS : 6 À 8

PRÉPARATION : 20 MINUTES

CUISSON : 3 ½ HEURES

MARINAGE : 5 À 12 HEURES

épaule d'agneau au yogourt et à la cardamome

- 1,8 kg (4 lb) d'épaule d'agneau, désossée et roulée
- 4 gousses d'ail, taillées en éclats
- 60 ml (¼ de tasse) de gousses de cardamome
- 45 ml (3 c. à soupe) d'huile d'olive
- Le jus et le zeste râpé de 1 citron
- Une pincée de safran
- 150 g (5 oz) de yogourt grec
- 30 ml (2 c. à soupe) de cassonade
- Sel et poivre noir, fraîchement moulu

Saler et poivrer l'agneau puis y faire des incisions profondes avec un couteau pointu. Glisser des éclats d'ail dans les incisions. Parsemer la viande de graines de cardamome (voir ci-dessous) et frotter pour les y faire pénétrer. Laisser la viande à la température ambiante 5 heures (ou toute la nuit au réfrigérateur). Préchauffer le four à 200 °C/ 400 °F/6 au four à gaz. Faire chauffer l'huile dans une rôtissoire placée sur la cuisinière, y mettre l'agneau et le faire brunir de tous les côtés. Mettre la rôtissoire au four et faire cuire l'agneau 20 à 30 minutes, jusqu'à ce qu'il soit bien coloré. Retirer la rôtissoire du four et laisser refroidir pendant qu'on prépare l'enrobage de yogourt au citron. Réduire la chaleur du four à 170 °C/325 °F/3 au four à gaz. Mettre le jus de citron et le safran dans une petite casserole et les faire chauffer doucement. Les laisser refroidir puis ajouter le zeste de citron, le yogourt et la cassonade. Mettre la moitié de ce mélange sur l'agneau. Remettre l'agneau au four et le faire cuire de 2 ½ à 3 heures, en le badigeonnant d'un peu de yogourt au citron toutes les 30 minutes, jusqu'à ce qu'il soit très tendre et couvert d'une croûte dorée. Laisser refroidir légèrement la viande avant de la servir.

Comment piler les gousses de cardamome

En pilant les gousses de cardamome dans un mortier, on en libère les petites graines noires.

Valeur nutritive, par portion :
Calories : 620
Matières grasses : 46 g
Glucides : 8 g
Sel : 0,56 g
Gras saturés : 21,4 g
Fibres : 0,1 g

PORTIONS : 4

PRÉPARATION : 10 MINUTES

CUISSON : 1 ½ HEURE

MARINAGE : 24 HEURES

lapin braisé au bacon, aux tomates et aux gourganes

1 jeune lapin d'environ 1,6 kg (3 ½ lb), découpé aux jointures
15 g (2 c. à soupe) de farine
30 ml (2 c. à soupe) d'huile d'olive
25 g (1 oz) de beurre doux
75 g (3 oz) de lardons de bacon fumé
150 ml (5 oz) de vin blanc sec
300 ml (1 ¼ tasse) de riche bouillon de viande
75 g (3 oz) de tomates bien mûres
50 g (2 oz) de gourganes, cuites
Sel et poivre noir, fraîchement moulu

Marinade
12 gousses d'ail entières, pelées
1 petite feuille de laurier
6 brins de romarin (et plus pour garnir)
30 ml (2 c. à soupe) d'huile d'olive

Valeur nutritive, par portion :
Calories : 593
Matières grasses : 32 g
Glucides : 12 g
Sel : 2,12 g
Gras saturés : 11,7 g
Fibres : 0,8 g

Mettre les morceaux de lapin et les ingrédients de la marinade dans un grand plat. Couvrir le plat et laisser mariner la viande 24 heures.

Préchauffer le four à 150 °C/300 °F/2 au four à gaz. Retirer le lapin de la marinade, bien l'assécher, l'enrober de farine puis le saler et poivrer au goût. Faire chauffer l'huile d'olive et le beurre à feu vif dans une grande cocotte puis y faire dorer le lapin. Retirer l'ail de la marinade puis l'ajouter à la cocotte avec le bacon et faire cuire 3 à 4 minutes. Enlever le surplus de gras de la cocotte puis remettre celle-ci sur le feu. Ajouter le vin blanc puis le laurier et le romarin retirés de la marinade. Ajouter le bouillon de viande et amener à ébullition. Fermer le feu, couvrir la cocotte et la mettre au four. Faire cuire 1 heure puis ajouter les tomates et faire cuire 15 minutes de plus.

Sortir la cocotte du four, filtrer le liquide de cuisson dans une casserole. Laisser mijoter la sauce jusqu'à ce qu'elle soit assez épaisse pour napper le dos d'une cuiller, y ajouter les gourganes et assaisonner au goût. Verser la sauce sur le lapin, garnir d'un peu de romarin et servir. Ce plat est délicieux servi avec une purée de pommes de terre crémeuse allongée d'un peu d'huile d'olive.

PORTIONS : 4

PRÉPARATION : 15 MINUTES

CUISSON : 1 ½ HEURE

ragoût de bœuf perse

110 g (¼ de lb) de pois jaunes cassés
15 ml (1 c. à soupe) d'huile d'olive extravierge
1 gros oignon, finement haché
350 g (¾ de lb) de bœuf à ragoût maigre, dégraissé et coupé en cubes
5 ml (1 c. à thé) de cannelle moulue
Une pincée de muscade
600 ml (2 ⅓ tasses) de bouillon de bœuf
1 grosse pomme à cuire, pelée, parée et coupée en tranches épaisses
1 patate douce, pelée et coupée en cubes
Le jus de 1 citron
30 ml (2 c. à soupe) de miel clair
75 g (3 oz) de raisins secs
110 g (¼ de lb) de pois surgelés
Sel et poivre noir, fraîchement moulu

Mettre les pois cassés dans un bol, les recouvrir d'eau et les laisser tremper 1 heure.

Dans une grande poêle à frire profonde, faire chauffer l'huile puis y faire revenir l'oignon 3 minutes. Ajouter la viande et poursuivre la cuisson, en remuant constamment, jusqu'à ce que la viande soit scellée et l'oignon légèrement doré. Ajouter la cannelle et la muscade, puis le bouillon, couvrir et laisser mijoter 30 minutes.

Égoutter et rincer les pois cassés. Les mettre dans une casserole d'eau bouillante et les faire cuire 5 minutes. Égoutter les pois puis les ajouter à la viande avec la pomme et la patate douce. Amener le tout à ébullition, réduire le feu, couvrir et laisser mijoter 15 minutes.

Incorporer ensuite le jus de citron, le miel, les raisins secs et les pois verts, mais sans briser les tranches de pomme. Faire mijoter 15 à 20 minutes de plus. Saler et poivrer au besoin et servir.

Valeur nutritive, par portion :
Calories : 405
Matières grasses : 9 g
Glucides : 55 g
Sel : 0,99 g
Gras saturés : 2,7 g
Fibres : 5,8 g

PORTIONS : 4

PRÉPARATION : 10 MINUTES

CUISSON : 2 HEURES

TREMPAGE : 6 À 12 HEURES

foie de veau et bacon aux lentilles

60 ml (¼ de tasse) d'huile d'olive
200 g (7 oz) de bacon fumé, coupé en lanières
2 gousses d'ail, broyées
20 petits oignons blancs
100 g (3 ½ oz) de lentilles du Puy, trempées 24 heures
600 ml (2 ⅓ tasses) de bouillon de poulet
375 g (13 oz) de foie de veau, tranché
60 ml (¼ de tasse) de vinaigre balsamique
60 ml (¼ de tasse) de persil, haché
Sel et poivre noir, fraîchement moulu

Verser la moitié de l'huile dans une grande poêle à frire puis y faire dorer le bacon fumé, l'ail et les oignons. Ajouter les lentilles et le bouillon de poulet, et laisser mijoter de 1 ½ à 2 heures.

Vers la fin de la cuisson, verser le reste de l'huile d'olive dans une autre poêle et la faire chauffer à feu modéré à vif. Assaisonner le foie, le faire saisir dans l'huile des deux côtés puis le mettre dans la première poêle. Faire mijoter le tout 10 minutes de plus puis incorporer le vinaigre balsamique.

Servir ce plat garni de persil haché.

Valeur nutritive, par portion :
Calories : 410
Matières grasses : 23 g
Glucides : 16 g
Sel : 2,9 g
Gras saturés : 5,8 g
Fibres : 3,3 g

PORTIONS : 4

PRÉPARATION : 10 MINUTES

CUISSON : 1 HEURE

fajitas aux haricots rouges et à la salsa

Fajitas
175 g (¾ de tasse) de farine
Une bonne pincée de sel
Huile de maïs, pour la friture

Garniture
800 g (28 oz) de haricots rouges en conserve ou secs, trempés 24 heures en eau froide
30 ml (2 c. à soupe) d'huile de maïs
1 oignon, haché
1 piment rouge, épépiné et haché
1 gousse d'ail, hachée
½ bouquet de coriandre, hachée
Quelques gouttes de Tabasco
Le jus de 1 lime
125 ml (½ tasse) de crème sure (aigre)

Salsa
4 tomates, épépinées et hachées
½ bouquet de coriandre, hachée
½ oignon rouge, haché
45 ml (3 c. à soupe) d'huile de maïs

Valeur nutritive, par portion :
Calories : 530
Matières grasses : 22 g
Glucides : 65 g
Sel : 1,6 g
Gras saturés : 5,9 g
Fibres : 10,8 g

Fajitas : Mettre la farine et le sel dans un bol, faire un puits au centre puis y verser 300 ml (1 ¼ tasse) d'eau. Mélanger en ajoutant un peu d'eau au besoin jusqu'à l'obtention d'une pâte ferme. Pétrir la pâte jusqu'à ce qu'elle soit bien lisse, la couper en 6 morceaux et façonner en boules. Au rouleau à pâtisserie, abaisser chaque boule en galette de 17,5 cm (7 po) de diamètre. Faire chauffer une poêle à frire qui n'adhère pas puis y faire frire à sec, des deux côtés, chaque fajita. Dès qu'elle commence à gonfler, la retirer de la poêle.

Garniture : Si on se sert de haricots trempés, les égoutter et les faire bouillir 2 heures dans l'eau ; si on se sert de haricots en conserve, les égoutter, les mettre dans une casserole avec 300 ml (1 ¼ tasse) d'eau et les laisser mijoter 30 minutes. Verser l'huile de maïs dans une casserole et y faire revenir l'oignon, le piment et l'ail, jusqu'à ce qu'ils soient tendres. Ajouter les haricots et faire cuire 10 minutes, en remuant. Écraser grossièrement les haricots avec une fourchette puis ajouter la coriandre, le Tabasco et le jus de lime. Bien mélanger le tout et retirer du feu.

Salsa : Mélanger tous les ingrédients de la recette.

Mettre une fajita dans une grande assiette de service, la garnir d'un quart des haricots, ajouter une généreuse cuillerée de crème sure puis un peu de salsa ; répéter l'opération avec cinq autres fajitas. Se servir de la dernière comme « croûte » en la pressant bien sur les autres. Garnir la dernière fajita de salsa, mettre l'assiette au réfrigérateur le temps de permettre au tout de prendre. Au moment de servir, couper le « gâteau » en pointes et le déguster au grand air.

NOTE

On peut, si on désire donner plus de piquant à la salsa, lui ajouter un piment rouge épépiné et finement haché

PORTIONS : 2

PRÉPARATION : 15 MINUTES

CUISSON : 40 MINUTES

cassoulet aux haricots frais et polenta à l'ail

400 ml (1 ½ tasse) d'eau ou de bouillon
90 g (3 oz) de polenta
1 gousse d'ail, broyée
2,5 ml (½ c. à thé) d'herbes séchées, mélangées
10 ml (2 c. à thé) d'huile d'olive extravierge
1 oignon, finement haché
1 gousse d'ail, broyée
1 carotte, tranchée
25 g (1 oz) de fenouil, grossièrement haché
75 g (3 oz) de champignons, tranchés
3 brins de romarin
1 feuille de laurier et 1 brin de thym
400 g (14 oz) de haricots cannellini en conserve, égouttés
110 g (¼ de lb) de gourganes
110 g (¼ de lb) de haricots d'Espagne, coupés en diagonale
300 ml (1 ¼ tasse) de bouillon de légumes
10 ml (2 c. à thé) de sauce soja
5 ml (1 c. à thé) de farine de maïs, délayée dans un peu d'eau
Sel et poivre noir, fraîchement moulu

Valeur nutritive, par portion :
Calories : 459
Matières grasses : 9 g
Glucides : 77 g
Sel : 2,93 g
Gras saturés : 1 g
Fibres : 15,1 g

Amener le bouillon à ébullition dans une grande casserole. Incorporer la polenta petit à petit, en remuant constamment. Quand le mélange commence à épaissir, y mettre l'ail et les herbes et assaisonner. Poursuivre la cuisson 4 à 5 minutes jusqu'à consistance lisse. Verser dans un moule rond qui n'adhère pas, en égaliser la surface et laisser refroidir. Verser l'huile d'olive dans une casserole puis y faire revenir l'oignon et l'ail, à couvert, 3 à 4 minutes. Ajouter la carotte, le fenouil, les champignons et les herbes, et les faire revenir 6 à 7 minutes. Ajouter les haricots et le bouillon, et amener à ébullition. Laisser mijoter 15 à 20 minutes. Ajouter la sauce soja et la farine de maïs délayée, et laisser mijoter 5 minutes de plus pour faire épaissir la sauce. Assaisonner au goût. Griller les pointes de polenta (voir ci-dessous) jusqu'à ce qu'elles soient bien dorées et croquantes, et les servir chaudes avec le cassoulet.

Comment griller la polenta

Verser la polenta cuite dans un moule rond graissé. La laisser refroidir puis la couper en pointes. Faire chauffer une poêle à fond strié, badigeonner les pointes de polenta d'huile et les faire griller des deux côtés.

PORTIONS : 4

PRÉPARATION : 25 MINUTES

CUISSON : 1 ¼ HEURE

gratin de légumes

90 ml (⅓ de tasse) d'huile d'olive
2 oignons espagnols doux, coupés en dés
2 gousses d'ail, finement hachées
3 gros brins d'origan frais, grossièrement hachés
2 petites aubergines, coupées en tranches de 5 mm (¼ de po) d'épaisseur
5 courgettes, pelées (si nécessaire) et coupées en tranches de 5 mm (¼ de po) d'épaisseur
6 tomates, coupées en tranches de 5 mm (¼ de po) d'épaisseur
450 g (1 lb) de mozzarella fraîche, coupée en tranches de 5 mm (¼ de po) d'épaisseur
75 ml (5 c. à soupe) de parmesan, fraîchement râpé
6 tiges d'aneth
Poivre noir, fraîchement moulu

Préchauffer le four à 200 °C/400 °F/6 au four à gaz.

Faire chauffer l'huile dans une poêle à frire puis y faire revenir les oignons 5 minutes. Ajouter l'ail et poursuivre la cuisson 3 minutes. Ajouter ensuite l'origan et retirer la poêle du feu.

Mettre les tranches d'aubergine, sur un seul rang, sur une plaque de four, les saler puis les faire cuire au four 8 minutes, jusqu'à ce qu'elles soient tendres.

Mettre les oignons et l'origan dans un plat à gratiner. Disposer les aubergines, les courgettes, les tomates et la mozzarella en rangs alternés dans le plat. Presser délicatement les ingrédients avec la paume des mains puis les poivrer. Mettre le plat au four et le faire cuire 1 heure environ. Parsemer le plat de parmesan et faire cuire 10 minutes de plus.

Servir le plat garni d'aneth.

NOTE

Bien qu'il soit préférable d'utiliser de l'origan frais, on peut le remplacer par 15 ml (1 c. à soupe) d'origan séché.

Valeur nutritive, par portion :
Calories : 667
Matières grasses : 46 g
Glucides : 25 g
Sel : 2,14 g
Gras saturés : 20,4 g
Fibres : 7,8 g

PORTIONS : 4 À 6

PRÉPARATION : 15 MINUTES

CUISSON : 1 HEURE

casserole de haricots, citrouille et maïs

450 g (1 lb) de haricots frais, écossés
450 g (1 lb) de citrouille, pelée et coupée en morceaux
15 ml (1 c. à soupe) de lard tendre ou d'huile
1 chorizo mou, émietté (ou 4 tranches de bacon, coupées en dés)
2 gros oignons doux, finement hachés
1 poivron rouge, épépiné et coupé en dés
1 carotte, brossée et grossièrement râpée
600 ml (2 ⅓ tasses) de grains de maïs frais
Une poignée de feuilles de basilic, hachées
Sel

Huile à l'ail
2 gousses d'ail, grossièrement hachées
15 ml (1 c. à soupe) de paprika
Une pincée de poudre de piment
15 à 30 ml (1 à 2 c. à soupe) d'huile
Sel

Valeur nutritive, par portion :
Calories : 416
Matières grasses : 17 g
Glucides : 50 g
Sel : 0,9 g
Gras saturés : 4,7 g
Fibres : 12,5 g

Mettre les haricots et la citrouille dans une grande casserole puis les recouvrir d'eau bouillante. Amener à ébullition, réduire le feu, couvrir et laisser mijoter 40 à 60 minutes, jusqu'à ce que la chair de citrouille se soit désagrégée et que les haricots soient bien tendres.

Entre-temps, faire chauffer le lard ou l'huile dans une petite poêle à frire puis y faire sauter le chorizo (ou le bacon) jusqu'à ce que l'huile se colore. Ajouter les oignons, le poivron rouge et la carotte, saler légèrement et faire caraméliser légèrement les légumes. Incorporer les légumes aux haricots et laisser mijoter le tout 10 minutes. Entre-temps, mettre les grains de maïs dans le mélangeur puis leur ajouter une bonne louchée de bouillon de haricots et le basilic (en en réservant les plus belles feuilles pour garnir). Réduire le mélange en purée. Verser la purée obtenue dans les haricots et laisser mijoter 15 minutes de plus. Ajouter un peu d'eau bouillante si le mélange est trop épais.

Huile à l'ail : Broyer les gousses d'ail avec un peu de sel puis y incorporer l'huile et les épices (piment et paprika).

Servir dans des bols en terre cuite profonds et garnir d'un filet d'huile à l'ail et d'une feuille de basilic.

PORTIONS : 4

PRÉPARATION : 5 MINUTES

CUISSON : 35 MINUTES

épinards et tomates aux arachides

700 g (1 ½ lb) d'épinards ou d'un autre légume-feuille (voir ci-dessous)
2,5 ml (½ c. à thé) de sel
450 g (1 lb) de tomates, finement hachées
6 à 8 ciboules, finement hachées
60 ml (¼ de tasse) d'arachides, rôties et moulues
Quelques arachides entières, rôties, pour garnir

Laver les épinards puis, sans les assécher, les mettre dans une casserole et les saler. Couvrir la casserole. Dès que les épinards commencent à flétrir, découvrir la casserole et y mettre les tomates puis les ciboules hachées. Saupoudrer les légumes d'arachides moulues, sans remuer. Réduire le feu, couvrir partiellement et laisser mijoter 15 minutes, jusqu'à ce que les tomates soient tendres.

Mélanger le tout, couvrir partiellement et laisser mijoter 15 minutes de plus. Découvrir et faire bouillir pour que le jus de cuisson s'évapore. Verser le contenu de la casserole dans une assiette de service et garnir d'arachides entières rôties.

NOTE

Ce plat brésilien d'origine africaine peut être préparé à partir de tétragone, de jeunes feuilles de citrouille, de manioc ou de patate douce, de bette à carde, de légumes-feuilles printaniers ou de chou. On peut le servir comme plat végétarien avec du riz ou de la polenta tendre.

Valeur nutritive, par portion :
Calories : 138
Matières grasses : 8 g
Glucides : 7 g
Sel : 1,4 g
Gras saturés : 1,5 g
Fibres : 5,7 g

PORTIONS : 4 À 6

PRÉPARATION : 20 MINUTES

CUISSON : 1 ½ À 2 ½ HEURES

TREMPAGE : 6 À 12 HEURES

haricots jaunes (beurre) à la citrouille

225 g (½ lb) de haricots jaunes (beurre), trempés toute la nuit
450 g (1 lb) de pommes de terre à chair jaune, pelées et coupées en morceaux d'une bouchée
450 g (1 lb) de citrouille ou de courge d'hiver, coupée en morceaux d'une bouchée
600 ml (2 ⅓ tasses) de grains de maïs frais ou surgelés
Sel
Persil, haché, pour garnir
Feta (ou fromage blanc de même type), émiettée, pour garnir

Salsa piquante
3 piments jaunes, épépinés et hachés
1 petit oignon jaune, finement haché
6 ciboules, le vert et le blanc finement hachés
3 gousses d'ail, finement hachées
30 ml (2 c. à soupe) d'huile d'olive

Mettre les haricots dans une grande casserole avec juste assez d'eau pour les recouvrir. À découvert, amener l'eau à ébullition puis réduire le feu de manière à ce qu'elle frémisse mais ne bouille pas. Faire cuire les haricots 2 heures, jusqu'à ce qu'ils soient tendres mais encore fermes. Ajouter de l'eau au besoin mais ne pas saler.

Entre-temps, dans une petite casserole, amener à ébullition les ingrédients de la salsa puis laisser reposer celle-ci pour permettre aux saveurs de s'amalgamer.

Une fois les haricots cuits, ajouter les légumes et un peu d'eau bouillante à la casserole, puis du sel au goût et la salsa, et faire cuire le tout 30 minutes de plus, jusqu'à ce que tous les légumes soient tendres. Une fois cuit, le mélange devrait être assez épais. Ajouter le persil haché et la feta émiettée, et servir.

Valeur nutritive, par portion :
Calories : 478
Matières grasses : 12 g
Glucides : 76 g
Sel : 0,79 g
Gras saturés : 2,9 g
Fibres : 14,2 g

PORTIONS : 6 À 8

PRÉPARATION : 10 MINUTES

CUISSON : 45 MINUTES

polenta grillée aux poivrons rouges et jaunes

1,8 litre (7 tasses) d'eau
10 ml (2 c. à thé) de sel
225 g (½ lb) de polenta à texture grossière
90 ml (⅓ de tasse) de tapenade aux olives
3 poivrons rouges
3 poivrons jaunes
Sel et poivre noir, fraîchement moulu

Verser l'eau dans une casserole profonde et l'amener à ébullition. Saler l'eau puis y verser lentement la polenta en pluie, en remuant constamment (3 à 4 minutes). Amener à ébullition et, dès que le mélange commence à bouillonner, réduire le feu au minimum et laisser mijoter la polenta 40 minutes en la remuant régulièrement. La polenta est cuite quand elle est très épaisse, mais non prise en pain, et qu'elle se détache de la paroi de la casserole lorsque l'on remue. Poivrer généreusement la polenta et y ajouter du sel au besoin. Verser la polenta dans un plat à lasagne mouillé de 23 X 18 X 5 cm (9 X 7 X 2 po). On peut aussi utiliser un moule à gâteau roulé et couper la polenta en carrés ou en triangles une fois qu'elle a refroidi. Laisser refroidir complètement la polenta.

Préchauffer le four à 250 °C/475 °F/9 au four à gaz. Mettre les poivrons sur une plaque de four et les passer au four 20 à 30 minutes, jusqu'à ce que la chair en soit tendre et la peau boursouflée. Mettre les poivrons dans un bol, bien le couvrir d'une pellicule de plastique pendant quelques minutes. Peler ensuite les poivrons sans les laver puis en éliminer les pédoncules et les graines. Couper chaque poivron en 2 ou 3 morceaux dans le sens de la hauteur.

Couper la polenta en tranches de 1 à 2 cm (½ à ¾ de po) d'épaisseur puis les faire cuire, sans huile, sur le gril, à feu très vif, ou les faire frire jusqu'à ce qu'elles soient très chaudes et légèrement carbonisées. Garnir chaque tranche d'un peu de tapenade puis de poivrons rouge et jaune, et servir.

Valeur nutritive, par portion :
Calories : 249
Matières grasses : 9 g
Glucides : 36 g
Sel : 2,24 g
Gras saturés : 0,9 g
Fibres : 1,5 g

repas au grand air

PORTIONS : 4

PRÉPARATION : 15 MINUTES

CUISSON : 10 MINUTES

crevettes géantes grillées à la sauce à l'ail et à la lime

20 crevettes tigrées géantes crues, non décortiquées
60 ml (¼ de tasse) d'huile d'olive vierge
Le jus de ¼ de citron
2,5 ml (½ c. à thé) de thym, haché
2,5 ml (½ c. à thé) d'origan, haché
30 ml (2 c. à soupe) de gros sel
Une bonne pincée de sel d'ail
Poivre noir, fraîchement moulu

Sauce à l'ail et à la lime
200 ml (¾ de tasse) de bouillon de poisson
Le jus de 3 limes
Le zeste râpé de 1 lime
1 gousse d'ail, broyée
1 petit oignon rouge, finement haché
30 ml (2 c. à soupe) de persil plat, haché
25 g (1 oz) de beurre doux, réfrigéré puis coupé en dés

Entailler le côté courbe des crevettes avec un couteau ou des ciseaux de manière à pouvoir en enlever la veine noire centrale mais sans décortiquer les crevettes. Enrober les crevettes d'huile d'olive et de jus de citron, et les saler et poivrer au goût.

Mélanger les herbes, le gros sel et le sel d'ail dans un bol. Bien enrober les crevettes de ce mélange puis les faire cuire sur la grille du barbecue ou une plaque de fonte striée, 3 à 4 minutes de chaque côté.

Sauce à l'ail et à la lime : Mélanger tous les ingrédients de la sauce (sauf le beurre) dans une casserole et amener à ébullition. Retirer le mélange du feu et y incorporer le beurre.

Retirer les crevettes du barbecue et les mettre dans un plat de service. Verser la sauce tout autour et servir aussitôt.

Valeur nutritive, par portion :
Calories : 253
Matières grasses : 17 g
Glucides : 2 g
Sel : 4,52 g
Gras saturés : 4,8 g
Fibres : 0,4 g

PORTIONS : 10

PRÉPARATION : 10 MINUTES

CUISSON : 25 MINUTES

salade de tagliatelles à l'encre de calmar et de crevettes

30 crevettes tigrées moyennes fraîches, décortiquées
Huile d'olive
500 g (1 lb 2 oz) de tagliatelles à l'encre de calmar fraîches
30 pointes d'asperges, pelées et blanchies
1 botte de ciboules, lavées, parées et émincées
10 tomates italiennes, pelées, épépinées et coupées en dés
2 piments rouges, épépinés et émincés
30 ml (2 c. à soupe) de ciboulette, ciselée
Sel et poivre noir, fraîchement moulu

Vinaigrette
45 ml (3 c. à soupe) de vinaigre de vin blanc
15 ml (1 c. à soupe) de sucre semoule
75 ml (5 c. à soupe) d'huile d'olive extravierge

Vinaigrette : Mélanger le vinaigre et le sucre au mélangeur ou au robot de cuisine 20 secondes puis leur incorporer lentement l'huile de manière à obtenir une émulsion.

Préchauffer le barbecue ou une plaque de fonte striée. Badigeonner les crevettes d'huile d'olive, les assaisonner puis les faire cuire de tous les côtés sur la grille ou la plaque. Amener une grande casserole d'eau salée et un peu d'huile d'olive à ébullition puis y faire cuire les tagliatelles al dente. Égoutter les pâtes et les passer rapidement sous l'eau courante.

Mettre les crevettes, les tagliatelles et les asperges dans un grand bol et les napper de vinaigrette. Ajouter les ciboules, les tomates, les piments et la ciboulette. Mélanger délicatement la salade, l'assaisonner au goût et servir aussitôt.

Valeur nutritive, par portion :
Calories : 244
Matières grasses : 8 g
Glucides : 31 g
Sel : 0,45 g
Gras saturés : 1 g
Fibres : 2,5 g

PORTIONS : 4

PRÉPARATION : 10 MINUTES

CUISSON : 20 MINUTES

sardines fraîches en vinaigrette

12 sardines très fraîches
25 g (3 c. à soupe) de farine
Un peu d'huile d'olive

Vinaigrette
Un gros bouquet de menthe, finement hachée
30 ml (2 c. à soupe) de vinaigre de vin rouge
Une pincée de sel de céleri
2 échalotes, finement hachées
Le zeste râpé de 2 citrons
Une pincée de piment séché
30 ml (2 c. à soupe) d'huile d'olive
Sel et poivre noir, fraîchement moulu

Vinaigrette : Dans un bol, mélanger la menthe, le vinaigre, le sel de céleri, les échalotes hachées, le zeste de citron et le piment. Réserver.

À l'aide d'un petit couteau bien coupant, éventrer les sardines puis, en se servant de l'index, les éviscérer sous l'eau courante. Toujours sous l'eau, les écailler avec le pouce ou un couteau de cuisine. À l'aide d'un linge de table, bien assécher les sardines pour éviter qu'elles ne collent à la grille en cuisant.

Mettre la farine dans une grande assiette et verser un peu d'huile d'olive dans une autre. Rouler les sardines dans la farine, des deux côtés, puis les passer rapidement dans l'huile. Mettre les sardines sur le barbecue préchauffé et très chaud, et les faire griller 5 minutes de chaque côté.

Achever de préparer la vinaigrette en y ajoutant l'huile, du sel et du poivre au goût. Disposer les sardines dans une grande assiette de service et les arroser de vinaigrette piquante. Servir aussitôt.

Valeur nutritive, par portion :
Calories : 422
Matières grasses : 25 g
Glucides : 7 g
Sel : 1,13 g
Gras saturés : 4,7 g
Fibres : 0,3 g

PORTIONS : 4

PRÉPARATION : 15 MINUTES

CUISSON : 20 MINUTES

MARINAGE : 1 HEURE

thon grillé et salade à la papaye verte

650 g (1 ½ lb) de petit filet de thon, paré
30 ml (2 c. à soupe) de pâte de tamarin
25 g (2 c. à soupe) de cassonade
2 piments rouges, épépinés et finement hachés
15 ml (1 c. à soupe) de nam pla (sauce au poisson vietnamienne)
Huile (pour la grillade)
Sel et poivre noir, fraîchement moulu
1 lime, coupée en quartiers, pour garnir

Salade à la papaye verte
1 gousse d'ail, hachée
2 piments rouges, épépinés et hachés
5 g (1 c. à thé) de cassonade
2 papayes vertes, pelées, épépinées et râpées
Le jus de 2 limes
30 ml (2 c. à soupe) de nam pla (sauce au poisson vietnamienne)
100 g (3 ½ oz) de haricots verts fins, cuits
30 ml (2 c. à soupe) d'arachides, rôties
10 tomates cerises rouges, coupées en deux
10 tomates cerises jaunes, coupées en deux

Valeur nutritive, par portion :
Calories : 398
Matières grasses : 12 g
Glucides : 32 g
Sel : 2,59 g
Gras saturés : 3,2 g
Fibres : 4,9 g

Couper la pièce de thon en 4 darnes. Dans un bol, mélanger la pâte de tamarin, la cassonade, les piments, le nam pla, du sel et du poivre au goût. Verser cette sauce sur le poisson et laisser reposer 1 heure pour permettre aux saveurs de s'amalgamer.

Salade : Dans un grand mortier, piler grossièrement l'ail, les piments, la cassonade et un quart de la papaye râpée. Mettre le mélange dans un grand bol, ajouter le jus de lime et le nam pla, et bien mélanger. Ajouter le reste des ingrédients (y compris le reste de la papaye râpée). Bien mélanger et assaisonner au goût. Faire cuire les darnes de thon tel qu'il est indiqué ci-dessous. Retirer le poisson cuit de la grille puis couper chaque darne en 4 tranches. Répartir la salade dans les assiettes de service, y mettre les darnes de thon et servir le plat avec les quartiers de lime.

Comment faire griller les darnes de thon

Faire chauffer une plaque de fonte striée. Badigeonner les darnes d'un peu d'huile, les saler et poivrer puis, quand la plaque est très chaude, les faire griller 2 minutes de chaque côté en évitant de trop les cuire.

PORTIONS : 6

PRÉPARATION : 20 MINUTES

CUISSON : 20 MINUTES

brochettes de pétoncles, de beaudroie d'Amérique et de pancetta

- 1 pain ciabatta, coupé en 12 cubes
- 60 ml (¼ de tasse) d'huile d'olive extravierge
- 12 tranches de pancetta (ou de bacon de dos fumé)
- 12 pétoncles, décoquillés (avec leur corail de préférence)
- 900 g (2 lb) de queue de beaudroie d'Amérique, coupée en 12 cubes
- Le jus de 1 ou 2 citrons, pour servir
- Sel et poivre noir, fraîchement moulu
- 6 tiges de fenouil très rigides ou brochettes de bois de 25 cm (10 po) de long

Mettre les cubes de ciabatta dans un grand bol, les couvrir d'huile puis les en imbiber. Envelopper chaque cube d'une lanière de pancetta. Prendre une tige de fenouil ou une brochette et y enfiler un cube de pain enrobé de pancetta (en s'assurant de piquer dans la pancetta pour ne pas qu'elle tombe pendant la cuisson), puis un pétoncle à travers son corail puis un cube de beaudroie d'Amérique. Utiliser tous les ingrédients pour obtenir 6 brochettes.

Assaisonner légèrement les brochettes, les mettre sur la partie la plus chaude du barbecue et les faire griller 10 minutes de chaque côté. Les disposer dans une grande assiette de service et les arroser de jus de citron juste avant de les servir.

Comment préparer les pétoncles

En plaçant le côté plat de la coquille Saint-Jacques vers le haut, glisser la lame d'un couteau coupant entre les deux coquilles de manière à couper le nerf qui les retient ensemble. Enlever et jeter la coquille supérieure. Glisser ensuite la lame du couteau sous le pétoncle et le couper. Jeter les membranes foncées de même que la veine noire qui fait le tour de la coquille.

Valeur nutritive, par portion :

Calories : 406

Matières grasses : 18 g

Glucides : 20 g

Sel : 2,5 g

Gras saturés : 4,7 g

Fibres : 1,1 g

PORTIONS : 2

PRÉPARATION : 5 MINUTES

CUISSON : 30 MINUTES

MARINAGE : 2 HEURES

cailles grillées aux épices

2 cailles, le dos fendu en 2 morceaux

Marinade

60 ml (¼ de tasse) d'huile d'olive
Le jus de 1 citron
5 ml (1 c. à thé) de paprika
15 ml (3 c. à thé) de gros sel de mer
5 ml (1 c. à thé) de cumin moulu
5 ml (1 c. à thé) de poivre de Cayenne
30 ml (2 c. à soupe) de persil plat, finement haché
Quartiers de citron
Gros sel de mer
Graines de cumin, rôties

Mélanger les ingrédients de la vinaigrette et verser celle-ci sur les cailles. Laisser reposer 2 heures.

Entre-temps, chauffer les briquettes du barbecue pour qu'elles deviennent incandescentes, ou allumer le gril du four au maximum, ou faire chauffer une plaque de fonte striée. Faire griller les cailles 25 à 30 minutes, le côté de la peau vers le bas si on les fait cuire sur le barbecue ou dans la plaque de fonte striée et le côté de la peau placée vers le haut si on les fait cuire sous le gril. Tourner les cailles puis les faire cuire 10 minutes de l'autre côté. Arroser régulièrement la viande de marinade. Servir avec des quartiers de citron et de petits bols de gros sel de mer et de graines de cumin rôties.

Valeur nutritive, par portion :
Calories : 797
Matières grasses : 56 g
Glucides : 1 g
Sel : 2,42 g
Gras saturés : 0,4 g
Fibres : 0,1 g

PORTIONS : 4

PRÉPARATION : 10 MINUTES

CUISSON : 35 MINUTES

poulet grillé à la sauce aux piments doux

Marinade

30 ml (2 c. à soupe) d'huile de sésame
2 gousses d'ail, finement hachées
5 ml (1 c. à thé) de racine de coriandre, finement hachée
2 petits piments rouges frais, finement hachés
30 ml (2 c. à soupe) de nam pla (sauce au poisson thaïlandaise)
5 ml (1 c. à thé) de sucre
400 g (14 oz) de poitrines de poulet, désossées, avec la peau, coupées en morceaux

Sauce douce-piquante

90 ml (⅓ de tasse) de vinaigre de riz ou de vin blanc
60 ml (¼ de tasse) de sucre
2,5 ml (½ c. à thé) de sel
2 gousses d'ail, finement hachées
3 petits piments rouges frais, finement hachés

Mélanger tous les ingrédients de la marinade dans un grand bol et y faire mariner les poitrines de poulet 30 minutes.

Sauce : Dans une petite casserole, faire chauffer le vinaigre et le sucre, et remuer jusqu'à ce que le sucre soit dissous. Ajouter le sel et laisser mijoter le liquide jusqu'à ce qu'il épaississe. Retirer la casserole du feu, verser le mélange dans un petit bol, le laisser refroidir puis y incorporer l'ail et les piments.

Faire cuire le poulet au barbecue 5 minutes (ou plus au besoin) de chaque côté en l'arrosant fréquemment de marinade.

Mettre le poulet dans un plat de service et le servir avec la sauce.

Valeur nutritive, par portion :
Calories : 238
Matières grasses : 8 g
Glucides : 20 g
Sel : 2,38 g
Gras saturés : 1,7 g
Fibres : 0,4 g

PORTIONS : 8

PRÉPARATION : 15 MINUTES

CUISSON : 10 MINUTES

MARINAGE : 1 HEURE

brochettes d'agneau et tzatziki

900 g (2 lb) d'épaule maigre ou de gigot d'agneau

Marinade

300 ml (1 ¼ tasse) de yogourt nature
5 ml (1 c. à thé) de coriandre moulue
5 ml (1 c. à thé) de cumin moulu
Une bonne pincée de poivre noir, fraîchement moulu
Le jus de ½ citron

Tzatziki

1 concombre croquant, pelé et coupé en dés de 3 à 5 mm (⅛ à ¼ de po)
1 ou 2 gousses d'ail, broyées
Quelques gouttes de vinaigre de vin blanc ou de jus de citron
425 ml (1 ⅔ tasse) de yogourt grec faible en gras ou de yogourt nature de première qualité
15 à 20 ml (1 c. à soupe comble) de menthe fraîche, hachée
Sucre, sel et poivre noir, fraîchement moulu

Valeur nutritive, par portion :
Calories : 235
Matières grasses : 12 g
Glucides : 4 g
Sel : 0,64 g
Gras saturés : 6,2 g
Fibres : 0,3 g

Mélanger les ingrédients de la marinade. Couper la viande en cubes de 2,5 cm (1 po), la saler et la poivrer et la faire mariner au moins 1 heure.

Mettre les dés de concombre dans une passoire, les saupoudrer de sel et les laisser dégorger environ 30 minutes. Assécher les dés de concombre sur du papier absorbant puis les mettre dans un bol avec l'ail, le vinaigre (ou le jus de citron) et le yogourt. Ajouter la menthe et bien mélanger le tout.

Assaisonner de sucre, de sel et de poivre au goût.

Égoutter les cubes de viande, en réservant la marinade, puis les enfiler sur des brochettes de métal ou de bois. Faire griller les brochettes 7 à 10 minutes en les retournant et en les arrosant 2 ou 3 fois de marinade. Servir avec une salade verte et le tzatziki.

PORTIONS : 6 À 8

PRÉPARATION : 30 MINUTES

CUISSON : 10 MINUTES

côtelettes d'agneau à la salsa verde et aux olives

4 côtelettes d'agneau
Huile d'olive, pour badigeonner
Rameaux de romarin et tranches de citron, pour garnir (facultatif)

Salsa verde
1 gousse d'ail
5 filets d'anchois
5 ml (1 c. à thé) de câpres
Un bouquet de menthe, finement hachée
Un bouquet de persil plat, finement haché
5 ml (1 c. à thé) de moutarde de Dijon
15 ml (1 c. à soupe) de vinaigre de vin rouge
90 ml (⅓ de tasse) d'huile d'olive
Sel et poivre noir, fraîchement moulu

Olives
200 g (7 oz) d'olives, dénoyautées
Un bouquet de romarin
Le jus de 1 citron
Quelques gouttes d'huile d'olive

Valeur nutritive, par portion :
Calories : 123
Matières grasses : 9 g
Glucides : 0 g
Sel : 0,73 g
Gras saturés : 3 g
Fibres : 0,3 g

Salsa verde : Hacher finement ensemble l'ail, les anchois et les câpres, les mettre dans un grand bol et les réduire en pâte. Ajouter la menthe et le persil hachés, la moutarde et le vinaigre. Bien mélanger en incorporant lentement l'huile d'olive au mélange. Assaisonner la salsa au goût et la réfrigérer.

Trancher les olives, les mettre dans un bol et y incorporer le romarin, le jus de citron, quelques gouttes d'huile et du sel et du poivre au goût.

Mettre les côtelettes sur le barbecue et les badigeonner d'huile d'olive. Les faire griller 3 minutes environ de chaque côté.

Mettre les côtelettes dans un grand plat de service chaud, l'os orienté vers l'extérieur. Garnir les côtelettes d'olives puis les arroser de salsa verde et servir.

NOTE

Habituellement, les côtelettes sont vendues en carrés d'environ 6 pièces. On peut demander à son boucher de les préparer et de les dégraisser. S'il vous faut beaucoup de côtelettes, commandez à l'avance le nombre requis.

PORTIONS : 16

PRÉPARATION : 10 MINUTES

CUISSON : 1 HEURE

Pommes de terre au four à la sauce au yogourt et à l'aneth

16 « vieilles » pommes de terre

Sauce au yogourt et à l'aneth

450 ml (2 ¾ tasses) de crème sure (aigre) ou de fromage blanc

10 ml (2 c. à thé) de moutarde de Dijon ou de Meaux

225 ml (7 oz) de yogourt nature

90 ml (⅓ de tasse) d'aneth frais, haché

2,5 ml (½ c. à thé) de sel

Sucre au goût

Bien brosser les pommes de terre, les piquer avec un couteau à 3 ou 4 reprises. Les envelopper dans du papier d'aluminium mince et les enfouir dans les briquettes chaudes d'un barbecue 45 à 60 minutes. Entre-temps, mélanger les ingrédients de la sauce. Au moment de servir, développer les pommes de terre, couper le dessus en croix et les arroser généreusement de sauce.

NOTE

On peut aussi faire cuire les pommes de terre au four, mais elles sont meilleures cuites sur le barbecue.

Valeur nutritive, par portion :

Calories : 202

Matières grasses : 6 g

Glucides : 33 g

Sel : 0,29 g

Gras saturés : 3,6 g

Fibres : 2,4 g

PORTIONS : 6 À 8

PRÉPARATION : 15 MINUTES

CUISSON : 1 ½ HEURE

TREMPAGE : 3 À 12 HEURES

salade de haricots noirs et de maïs

275 g (10 oz) de haricots noirs secs
1 gousse d'ail
Piments chipotle séchés
1 gros oignon, coupé en deux
175 g (6 oz) de riz à grain long
15 ml (1 c. à soupe) d'huile d'olive
225 g (½ lb) de maïs, cuit (4 épis environ)
2 poivrons rouges, rôtis, pelés et tranchés
30 ml (2 c. à soupe) de coriandre ou de menthe fraîche
30 ml (2 c. à soupe) de persil
6 ciboules, hachées
Sel et poivre noir

Vinaigrette
45 ml (3 c. à soupe) de vinaigre de vin rouge
30 ml (2 c. à soupe) de jus de citron
1 gousse d'ail, broyée
7,5 ml (½ c. à soupe) de graines de cumin, rôties puis moulues
2,5 ml (½ c. à thé) de graines de coriandre, rôties puis moulues
175 ml (⅓ de tasse) d'huile d'olive

Valeur nutritive, par portion :
Calories : 583
Matières grasses : 31 g
Glucides : 64 g
Sel : 0,07 g
Gras saturés : 4,5 g
Fibres : 6,1 g

Faire tremper les haricots en eau froide 3 heures au moins ou toute la nuit. Au bout de ce temps, les égoutter et les mettre dans une casserole avec l'ail, les piments et l'oignon. Couvrir d'eau fraîche et amener à ébullition. Faire mijoter 1 à 1 ½ heure. Entre-temps, mettre tous les ingrédients de la vinaigrette dans un pot et bien agiter. Une fois les haricots cuits mais encore fermes, retirer l'oignon, l'ail et les piments. Égoutter les haricots et les enrober de vinaigrette pendant qu'ils sont encore chauds. Amener une grande casserole d'eau à ébullition, y jeter le riz et le sel en pluie et laisser mijoter le riz 5 à 10 minutes. Égoutter le riz et l'enrober de l'huile d'olive. Dans un grand bol, mélanger les haricots, le riz, le maïs, les poivrons rouges, la coriandre (ou la menthe), le persil, les ciboules et plus de vinaigrette. Rectifier l'assaisonnement au besoin et servir.

Comment rôtir et peler les poivrons

Préchauffer le four à 250 °C / 475 °F / 9 au four à gaz. Mettre les poivrons sur une plaque de four et les passer au four 20 à 30 minutes, jusqu'à ce que la chair en soit tendre et la peau boursouflée. Mettre les poivrons dans un plat, le couvrir d'une pellicule de plastique et laisser refroidir. Peler ensuite les poivrons sans les laver et les épépiner.

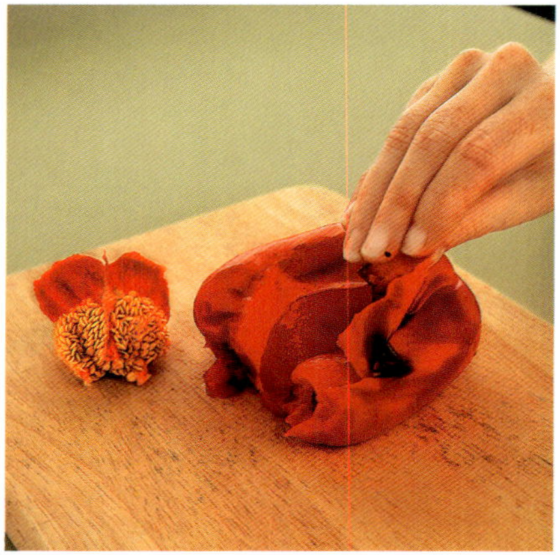

salades et à-côtés

PORTIONS : 2

PRÉPARATION : 5 MINUTES

CUISSON : 45 MINUTES

trempette à l'aubergine et à la coriandre

- 1 grosse aubergine
- 1 gousse d'ail, broyée
- 2,5 ml (½ c. à thé) de sel de mer
- Une bonne pincée de poivre noir, fraîchement moulu
- Une bonne pincée de cumin moulu
- 20 ml (4 c. à thé) d'huile d'olive extravierge
- 15 ml (1 c. à soupe) de coriandre, hachée

Préchauffer le four à 190 °C/375 °F/5 au four à gaz.

Faire cuire l'aubergine entière (avec le pédoncule) au four 40 minutes ou jusqu'à ce que sa peau soit brune et très tendre au toucher. Laisser refroidir l'aubergine puis la peler.

Mettre tous les autres ingrédients (sauf la coriandre) dans le mélangeur ou le robot de cuisine, ajouter la chair d'aubergine et mélanger le tout jusqu'à consistance lisse. Incorporer la coriandre à la purée et servir avec du pain sans levain (pita ou autre).

Valeur nutritive, par portion :
Calories : 117
Matières grasses : 10 g
Glucides : 5 g
Sel : 1,26 g
Gras saturés : 1,3 g
Fibres : 4,1 g

PORTIONS : 4

PRÉPARATION : 15 MINUTES

prunes à la diable

450 g (1 lb) de prunes, dénoyautées et coupées en dés
3 ou 4 ciboules, blanc et vert hachés
5 ml (1 c. à thé) de miel
Le jus de 1 lime
1 piment rouge ou vert, épépiné et finement haché

Mélanger les dés de prune et les ciboules hachées dans un bol, les arroser de miel et de jus de lime, puis incorporer un peu de piment haché au goût.

NOTE

Cet accompagnement est excellent avec les plats à base de haricots.

Valeur nutritive, par portion :
Calories : 44
Matières grasses : 0 g
Glucides : 11 g
Sel : 0,01 g
Gras saturés : 0 g
Fibres : 1,8 g

PORTIONS : 4

PRÉPARATION : 10 MINUTES

CUISSON : 10 MINUTES

MARINAGE : 1 HEURE

salade aux dattes et aux sanguines

Le jus de 1 lime et de 2 citrons
Le zeste râpé de ½ lime et de 1 citron
3 à 4 ml (¾ de c. à thé) de cannelle moulue
5 ml (1 c. à thé) d'eau de fleur d'oranger
20 g (2 c. à soupe) de sucre semoule
4 oranges sanguines, pelées et coupées en tranches épaisses
12 dattes fraîches, coupées en deux, dénoyautées et coupées en lanières
Une pincée de ras-el-hanout (voir Note)

Mettre les jus et zeste d'agrumes dans un bol puis leur incorporer une pincée de cannelle, l'eau de fleur d'oranger et le sucre. Laisser reposer 1 heure à la température ambiante. Mettre ensuite le mélange dans une petite casserole et le faire cuire 5 minutes de manière à obtenir un sirop clair. Retirer celui-ci du feu et le laisser refroidir, puis le mettre au réfrigérateur.

Mettre les tranches d'orange et les dattes dans un bol et les couvrir de sirop froid. Saupoudrer les fruits de ras-el-hanout et du reste de la cannelle, et servir la salade.

NOTE

Le ras-el-hanout est un mélange d'épices préparé à partir d'une trentaine d'ingrédients différents dont des roses séchées, de la cardamome, du curcuma et du clou de girofle. On peut s'en procurer dans certaines épiceries moyen-orientales ou boutiques spécialisées.

Valeur nutritive, par portion :
Calories : 184
Matières grasses : 0 g
Glucides : 45 g
Sel : 0,04 g
Gras saturés : 0 g
Fibres : 4 g

Comment peler et trancher les agrumes

Couper les parties supérieure et inférieure de chaque fruit puis placer celui-ci debout et en couper l'écorce et la peau blanche. Coucher ensuite le fruit sur le côté et le couper en tranches en en éliminant les pépins.

PORTIONS : 2

PRÉPARATION : 15 MINUTES

CUISSON : 20 MINUTES

MARINAGE : 1 À 2 HEURES

légumes grillés marinés

Marinade
15 ml (1 c. à soupe) d'huile d'olive extravierge
15 ml (1 c. à soupe) de vinaigre balsamique
5 ml (1 c. à thé) de miel
10 ml (2 c. à thé) de jus de citron
Sel et poivre noir, fraîchement moulu

1 aubergine, coupée en rondelles de 1 cm (½ po) d'épaisseur
1 poivron rouge, coupé en deux sur la longueur, épépiné et paré
1 oignon rouge, émincé sur la longueur
2 courgettes, émincées sur la longueur en tranches de 5 mm (¼ de po) d'épaisseur
6 tomates cerises
4 pointes d'asperge, parées
Une petite poignée d'origan, haché
Une petite poignée de basilic, haché
Une petite poignée de persil, haché
200 g (7 oz) de haricots rouges en conserve, égouttés et rincés

Mélanger les ingrédients de la marinade. Réserver.

Mettre les légumes (le poivron la peau vers le haut) sous le gril très chaud et les faire griller jusqu'à ce qu'ils soient tendres et légèrement carbonisés. Sortir les légumes du four et les laisser refroidir. Peler le poivron et en couper la chair en fines lanières.

Mettre les légumes dans un bol. Leur ajouter les herbes et les haricots. Couvrir le tout de marinade et bien mélanger. Laisser mariner 1 à 2 heures.

NOTE

On peut doubler les quantités indiquées et servir cette recette comme plat principal en l'accompagnant de riz, de couscous ou de polenta.

Ce plat est riche en fer, en fibres, en acide folique et en vitamines A, B6 et C.

Valeur nutritive, par portion :
Calories : 240
Matières grasses : 8 g
Glucides : 33 g
Sel : 1,17 g
Gras saturés : 0,9 g
Fibres : 11,9 g

PORTIONS : 4

PRÉPARATION : 10 MINUTES

CUISSON : 10 MINUTES

choy sum et shiitakes sautés au tamari

450 g (1 lb) de choy sum (chou fleuri chinois)
30 ml (2 c. à soupe) d'huile d'arachide
1 gousse d'ail, broyée
15 ml (1 c. à soupe) de gingembre, finement haché
110 g (¼ de lb) de shiitakes
75 g (3 oz) de châtaignes d'eau fraîches ou en conserve, pelées et émincées
100 ml (3 ½ oz) de bouillon de poulet
30 ml (2 c. à soupe) de farine de maïs
30 ml (2 c. à soupe) de tamari ou de sauce soja foncée
15 ml (1 c. à soupe) d'huile de sésame
15 ml (1 c. à soupe) d'arachides, rôties

Séparer les tiges et les feuilles du choy sum et couper les premières en morceaux de 5 cm (2 po) de longueur. Faire cuire les tiges dans de l'eau bouillante salée jusqu'à ce qu'elles soient tendres puis bien les égoutter.

Faire chauffer le wok ou une poêle à frire profonde, y verser l'huile d'arachide puis y faire sauter l'ail, le gingembre, les tiges de choy sum, les champignons et les châtaignes d'eau 3 à 4 minutes. Ajouter les feuilles de choy sum et faire cuire 1 minute de plus.

Délayer la farine de maïs dans le bouillon de manière à obtenir une pâte lisse et l'incorporer aux légumes. Incorporer ensuite le tamari et l'huile de sésame au mélange. Garnir d'arachides rôties et servir aussitôt.

NValeur nutritive, par portion :
Calories : 158
Matières grasses : 10 g
Glucides : 13 g
Sel : 2,13 g
Gras saturés : 1,7 g
Fibres : 0,2 g

PORTIONS : 4

PRÉPARATION : 20 MINUTES

CUISSON : 1 HEURE

oignons farcis au four à la sauce aux carottes et au cumin

10 gros oignons blancs de 275 g (10 oz) chacun
Huile végétale inodore
1,5 litre (6 tasses) de bouillon de légumes
450 g (1 lb) de boulghour (blé concassé)
30 ml (2 c. à soupe) d'huile d'olive
500 g (1 lb 2 oz) de grains de maïs, cuits
200 g (7 oz) de pignons
8 tomates italiennes, pelées, épépinées et coupées en dés
20 ml (4 c.à thé) de persil plat, haché
20 ml (4 c.à thé) de menthe fraîche, hachée
Le jus de 1 lime
Sel et poivre noir, fraîchement moulu

Sauce aux carottes et au cumin
Huile végétale inodore
3 échalotes, émincées
7,5 ml (½ c. à soupe) de graines de cumin
700 g (1 ½ lb) de carottes, hachées
1 gousse d'ail, hachée
300 ml (1 ¼ tasse) de vin blanc
1 litre (4 tasses) de bouillon de légumes

Valeur nutritive, par portion :
Calories : 423
Matières grasses : 15 g
Glucides : 55 g
Sel : 1,5 g
Gras saturés : 2,2 g
Fibres : 4,7 g

Préchauffer le four à 180 °C/350 °F/4 au four à gaz. Tapisser deux plaques de four de papier sulfurisé. Enlever la pelure extérieure des oignons en en gardant les racines et les tiges intactes. Couper le sommet des oignons de manière à pouvoir s'en servir plus tard comme « couvercles ». Enlever la pulpe intérieure des oignons avec une cuiller ou une cuiller parisienne. Badigeonner d'huile végétale et assaisonner l'intérieur des oignons. Mettre les oignons sur les plaques de four et les faire cuire au four 20 à 25 minutes. Les sortir du four et les laisser refroidir. Verser le bouillon dans une grande casserole et l'amener à ébullition. Réduire le feu puis ajouter le boulghour, et le laisser mijoter 15 à 20 minutes environ, jusqu'à ce que tout le bouillon ait été absorbé. Incorporer l'huile d'olive au boulghour, puis ajouter le maïs, les pignons, les tomates, les herbes et le jus de lime. Mélanger puis assaisonner le tout.

Remplir les oignons de ce mélange et remettre les « couvercles » précédemment réservés. Sauce : Faire chauffer un peu d'huile inodore dans une casserole puis y faire sauter les échalotes, le cumin, les carottes et l'ail 3 à 4 minutes. Ajouter le vin blanc puis le faire réduire de moitié. Ajouter le bouillon de légumes, amener à ébullition et laisser mijoter 20 à 25 minutes. Assaisonner, retirer du feu et laisser refroidir un peu. Dans le mélangeur ou le robot de cuisine, réduire la sauce en purée puis la filtrer à travers un tamis fin.

Couvrir lâchement les oignons de papier d'aluminium et les passer au four 8 à 10 minutes. Une fois cuits, mettre les oignons au centre des assiettes, les napper généreusement de sauce et servir aussitôt.

PORTIONS : 4 À 6

PRÉPARATION : 10 MINUTES

CUISSON : 40 MINUTES

petits choux de bruxelles aux oignons et au parmesan

45 ml (3 c. à soupe) d'huile d'olive
20 petits oignons blancs, blanchis et pelés
15 ml (1 c. à soupe) de sucre muscovado clair
40 g (1 ½ oz) de beurre doux
200 ml (¾ de tasse) de bouillon de viande
350 g (¾ de lb) de petits choux de Bruxelles
30 ml (2 c. à soupe) de parmesan, fraîchement râpé
Sel et poivre noir, fraîchement moulu

Faire chauffer l'huile dans une poêle à frire (assez grande pour pouvoir y mettre les oignons sur un seul rang) puis y faire sauter les oignons à feu vif jusqu'à ce qu'ils soient complètement dorés. Ajouter le sucre et la moitié du beurre et faire caraméliser les oignons, 8 à 10 minutes environ. Ajouter le bouillon et le faire cuire jusqu'à évaporation.

Entre-temps, faire cuire les choux de Bruxelles dans de l'eau bouillante salée jusqu'à ce qu'ils soient tendres mais encore croquants. Bien les égoutter.

Dans une autre poêle, faire chauffer le reste du beurre jusqu'à ce qu'il mousse, puis y mettre les choux de Bruxelles et les faire dorer 5 minutes. Incorporer les oignons, saler et poivrer au goût. Mettre les légumes dans une grande assiette de service et les servir enrobés de parmesan.

NOTE

On aime ou on déteste les choux de Bruxelles. Voici quelques façons originales de les apprêter :

- Mélangés à des marrons rôtis et à du céleri.
- En purée, avec du beurre et une pincée de muscade.
- Mélangés à de la crème fraîche faible en gras et à une pincée de curry.

Valeur nutritive, par portion :
Calories : 242
Matières grasses : 19 g
Glucides : 12 g
Sel : 0,57 g
Gras saturés : 7,5 g
Fibres : 4,3 g

PORTIONS : 4

PRÉPARATION : 10 MINUTES

CUISSON : 50 MINUTES

carottes et betteraves parfumées

12 très petites betteraves
60 ml (¼ de tasse) d'huile d'olive
6 carottes, coupées en tranches de 1 cm (½ po) d'épaisseur
50 g (2 oz) de beurre doux
Une bonne pincée de coriandre moulue
Une bonne pincée de graines de cumin
Une bonne pincée de cannelle moulue
5 ml (1 c. à thé) de zeste de citron, râpé
5 ml (1 c. à thé) de sucre muscovado clair
Une pincée de safran, trempée 10 minutes dans 30 ml (2 c. à soupe) d'eau chaude
5 ml (1 c. à thé) de racine de coriandre (bien nettoyée), finement hachée (si disponible)
15 ml (1 c. à soupe) de menthe, hachée
Sel et poivre noir, fraîchement moulu

Préchauffer le four à 190 °C / 375 °F / 5 au four à gaz. Laver et parer les betteraves en conservant 2,5 cm (1 po) de tige et sans les peler. Les mettre dans un plat à gratiner peu profond, arroser d'huile puis couvrir le plat de papier d'aluminium. Faire cuire les betteraves 40 à 45 minutes, jusqu'à ce qu'elles soient tendres lorsqu'on les perce avec la pointe d'un couteau.

Découvrir le plat, laisser refroidir les betteraves 15 minutes puis les peler et les couper en deux à la verticale. Faire cuire les carottes dans de l'eau bouillante salée jusqu'à ce qu'elles soient tendres, puis les égoutter et les passer sous l'eau froide courante. Faire fondre le beurre dans une grande poêle à frire puis y faire revenir les épices, le zeste de citron, le sucre et le safran 1 minute. Ajouter les légumes cuits et la racine de coriandre (si on s'en sert). Mélanger délicatement le tout, assaisonner au goût. Mettre dans un plat de service et garnir de menthe hachée.

Valeur nutritive, par portion :
Calories : 270
Matières grasses : 22 g
Glucides : 17 g
Sel : 0,44 g
Gras saturés : 8,1 g
Fibres : 4,4 g

Comment écorcer un citron

L'opération est simple si on utilise un couteau à zester ou zesteur. Cet instrument râpe finement le zeste tout en laissant la peau blanche des agrumes intacte, de sorte que celui-ci n'a aucun goût amer.

PORTIONS : 4

PRÉPARATION : 10 MINUTES

CUISSON : 20 MINUTES

salade de haricots rouges et d'artichauts

450 g (1 lb) de haricots rouges, cuits (en conserve, si on préfère)
2 tiges de cardon ou 6 cœurs d'artichaut, tranchés
Jus de citron
1 ou 2 chorizos frais, tranchés
30 à 45 ml (2 à 3 c. à soupe) d'huile d'olive
1 oignon rouge, tranché en demi-lunes (voir page 144)
15 ml (1 c. à soupe) d'origan frais, haché (ou d'origan séché, broyé)
Sel

Parer, gratter et trancher les tiges de cardon ou les cœurs d'artichaut. Faire cuire le légume choisi dans un peu d'eau jusqu'à ce qu'il soit tendre, 10 à 15 minutes. Incorporer les haricots rouges au cardon ou à l'artichaut, les réchauffer puis laisser refroidir.

Au moment de servir, faire frire les tranches de chorizo dans l'huile d'olive jusqu'à ce qu'elles soient croquantes et caramélisées (mais sans les laisser brûler). Mettre le chorizo sur les haricots, saler légèrement puis ajouter le jus de citron, les demi-lunes d'oignon et l'origan. Mélanger délicatement la salade et servir.

Valeur nutritive, par portion :
Calories : 244
Matières grasses : 11 g
Glucides : 25 g
Sel : 1,88 g
Gras saturés : 2,6 g
Fibres : 8,4 g

PORTIONS : 4

PRÉPARATION : 10 MINUTES

CUISSON : 40 MINUTES

pommes de terre braisées au safran et au paprika

60 ml (¼ de tasse) d'huile d'olive
700 g (1 ½ lb) de pommes de terre nouvelles, légèrement grattées
3 gousses d'ail, broyées
15 ml (1 c. à soupe) de purée ou de coulis de tomates
15 ml (1 c. à soupe) de graines de coriandre
2,5 ml (½ c. à thé) de paprika espagnol brûlant
Une bonne pincée de safran
750 ml (3 tasses) de bouillon de poulet bien assaisonné, bouillant
15 ml (1 c. à soupe) de coriandre, hachée
Sel

Faire chauffer l'huile dans une grande casserole avec un couvercle puis y faire sauter les pommes de terre 2 à 3 minutes, sans les laisser se colorer. Ajouter l'ail et faire cuire 1 minute de plus, puis incorporer la purée ou le coulis de tomates, les graines de coriandre, le paprika et le safran. Saler légèrement, ajouter le bouillon bouillant, couvrir et laisser mijoter 30 minutes, jusqu'à ce que les pommes de terre soient bien tendres. Augmenter le feu et faire cuire vivement le bouillon jusqu'à ce qu'il forme une sauce épaisse, en remuant les pommes de terre à quelques reprises.

Servir ce plat chaud et garni de coriandre.

NOTE

Ce plat peut aussi être servi froid comme entrée ou en salade.

Valeur nutritive, par portion :

Calories : 247

Matières grasses : 12 g

Glucides : 31 g

Sel : 0,94 g

Gras saturés : 1,5 g

Fibres : 2 g

PORTIONS : 4

PRÉPARATION : 20 MINUTES

RÉFRIGÉRATION : 1 HEURE

timbales de riz et de légumes

1 grosse carotte, parée, pelée et râpée
1 gros radis blanc, paré, pelé et râpé
½ céleri-rave, paré, pelé et râpé
2 betteraves, parées, pelées et râpées
400 g (14 oz) de riz basmati, cuit
30 ml (2 c. à soupe) de persil plat, finement haché
15 ml (1 c. à soupe) de ciboulette, finement ciselée
110 g (¼ de lb) de raisins secs
30 ml (2 c. à soupe) d'huile d'olive extravierge
8 tiges de ciboulette entières

Mélanger à fond les légumes râpés et le riz cuit. Ajouter le persil, la ciboulette, les raisins secs et l'huile, et mélanger de nouveau.

Presser fermement le mélange dans des timbales et réfrigérer au moins 1 heure avant de les démouler dans les assiettes.

Servir chaque timbale garnie de 2 tiges de ciboulette entières.

Valeur nutritive, par portion :
Calories : 296
Matières grasses : 7 g
Glucides : 56 g
Sel : 0,26 g
Gras saturés : 1,2 g
Fibres : 4,4 g

PORTIONS : 6

PRÉPARATION : 10 MINUTES

CUISSON : 40 MINUTES

riz et lentilles aux oignons croquants

700 g (1 ½ lb) d'oignons (environ 4), émincés
125 ml (½ tasse) d'huile d'olive
1 litre (4 tasses) d'eau
250 g (9 oz) de lentilles brunes
250 g (9 oz) de riz à grain long
Sel et poivre noir, fraîchement moulu

Faire chauffer l'huile dans une poêle à frire puis y faire revenir les oignons jusqu'à ce qu'ils soient bien dorés.

Amener l'eau à ébullition, y mettre les lentilles et faire cuire 20 minutes. Ajouter la moitié des oignons frits et le riz. Saler, poivrer et bien mélanger. Couvrir la casserole et laisser mijoter très doucement le tout 20 minutes, jusqu'à ce que les lentilles et le riz soient bien cuits. Rectifier l'assaisonnement au besoin.

Entre-temps, poursuivre la cuisson des oignons qui restent jusqu'à ce qu'ils soient caramélisés et croquants. Servir le plat garni d'oignons croquants.

Valeur nutritive, par portion :
Calories : 488
Matières grasses : 20 g
Glucides : 66 g
Sel : 0,28 g
Gras saturés : 2,7 g
Fibres : 5,3 g

Comment couper les oignons en demi-lunes

Couper les oignons en deux sur la longueur. Peler chaque moitié et la mettre, le côté coupé vers le bas, sur la planche à découper. Couper l'oignon en demi-lunes minces.

PORTIONS : 4

PRÉPARATION : 5 MINUTES

CUISSON : 30 MINUTES

manioc à l'ail et à la lime

1,3 kg (3 lb) de racines de manioc, pelées et coupées en morceaux (voir Note)
60 ml (¼ de tasse) d'huile d'olive
4 gousses d'ail, broyées
60 ml (¼ de tasse) de jus de lime ou de citron
Sel

Garniture
Coriandre, hachée
Croustilles de manioc (prêtes-à-manger ou maison)

Faire cuire le manioc dans de l'eau salée 30 minutes jusqu'à ce qu'il soit tendre, sans s'inquiéter s'il commence à se défaire un peu. L'égoutter à fond.

Entre-temps, faire chauffer l'huile d'olive dans une petite poêle à frire puis y faire frire légèrement l'ail pour l'attendrir. Ajouter le jus de lime ou de citron et faire bouillir quelques secondes. Verser cette sauce sur le manioc dans une assiette de service, le garnir de coriandre et servir avec les croustilles de manioc.

NOTE

On peut se procurer des racines de manioc dans les épiceries spécialisées en produits antillais. Pour en protéger la peau brune soyeuse et les conserver plus longtemps, celles-ci sont enduites de cire. On peut préparer soi-même les croustilles de manioc en émincant des racines pelées à la mandoline puis en faisant frire les rondelles obtenues dans de l'huile bouillante, ou en les passant au micro-ondes.

Valeur nutritive, par portion :
Calories : 426
Matières grasses : 11 g
Glucides : 84 g
Sel : 0,28 g
Gras saturés : 1,6 g
Fibres : 3,8 g

PORTIONS : 2

PRÉPARATION : 10 MINUTES

CUISSON : 1 ½ HEURE

patates douces farcies aux oignons

2 grosses patates douces
5 ml (1 c. à thé) d'huile d'olive extravierge
1 petit oignon, finement haché
2,5 ml (½ c. à thé) de cumin moulu
2,5 ml (½ c. à thé) de coriandre moulue
4 ou 5 champignons, hachés
Un peu de sauce soja, au goût
5 ml (1 c. à thé) d'origan séché
Graines de sésame

Préchauffer le four à 190 °C / 375 °F / 5 au four à gaz.

Faire cuire les patates douces au four 40 à 45 minutes, jusqu'à ce qu'elles soient tendres.

Faire frire doucement l'oignon dans l'huile d'olive, 5 minutes. Ajouter les champignons et les épices, et faire frire 5 minutes de plus. Ajouter l'origan et la sauce soja, et retirer la poêle du feu.

Couper chaque patate en deux sur le long, en enlever délicatement la pulpe en faisant attention à ne pas déchirer la peau. Mélanger la pulpe au mélange d'oignon en ajoutant un peu de sauce soja, au goût.

Mettre les patates évidées sur une plaque de four qui n'adhère pas puis les farcir du mélange d'oignon. Garnir d'un peu de graines de sésame. Faire cuire les patates au centre du four 20 minutes puis les servir aussitôt.

NOTE

Ce plat est riche en fibres et en vitamines A, C et E.

Valeur nutritive, par portion :
Calories : 213
Matières grasses : 4 g
Glucides : 42 g
Sel : 0,47 g
Gras saturés : 0,7 g
Fibres : 5,1 g

desserts

PORTIONS : 10

PRÉPARATION : 15 MINUTES

CUISSON : 45 MINUTES

pommes épicées au four

- 275 g (10 oz) de raisins de Smyrne
- 225 ml (7 oz) de brandy
- 5 ml (1 c. à thé) de cannelle moulue
- 2,5 ml (½ c. à thé) de piment de la Jamaïque moulu
- 110 g (½ tasse) de cassonade pâle molle
- 10 pommes à cuire moyennes
- 10 clous de girofle entiers

Mettre les raisins secs dans un pot fermant hermétiquement, ajouter le brandy, sceller le pot et le garder au frais et au sec jusqu'au moment requis.

Préchauffer le four à 160 °C/325 °F/3 au four à gaz.

Mettre les raisins macérés dans un bol puis les mélanger avec la cannelle, le piment de la Jamaïque et la cassonade. Parer les pommes en les gardant entières et sans les peler. Faire une incision tout autour des pommes, au centre. Les mettre dans un plat allant au four assez grand pour qu'elles ne se touchent pas, afin qu'elles puissent cuire uniformément. Farcir les pommes à moitié du mélange de raisins secs, y mettre un clou de girofle puis ajouter le reste des raisins. Verser environ 125 ml (½ tasse) d'eau dans le plat puis faire cuire les pommes au four 45 minutes environ, jusqu'à ce qu'elles soient tendres, légèrement gonflées mais encore fermes.

Retirer le plat du four et le laisser refroidir 5 minutes environ. Mettre les pommes dans des bols puis les napper du sirop obtenu par la cuisson.

Valeur nutritive, par portion :

Calories : 213

Matières grasses : 0 g

Glucides : 42 g

Sel : 0,03 g

Gras saturés : 0,[illegible] g

Fibres : 2,2 g

PORTIONS : 6

PRÉPARATION : 15 MINUTES

CUISSON : 50 MINUTES

poudings aux patates douces

450 g (1 lb) de patates douces, pelées et tranchées
350 g (2 ⅓ tasses) de sucre semoule non raffiné
125 ml (½ tasse) d'eau
Le jus et le zeste de 1 orange
Le jus et le zeste de ½ citron
1 petit bâton de cannelle
15 ml (1 c. à soupe) de beurre
2 œufs, jaunes et blancs séparés
Sel

Garniture
Crème
Cannelle moulue (facultatif)
Quelques fines lanières de zeste d'orange

Faire cuire les patates dans assez d'eau légèrement salée pour les recouvrir, 40 minutes environ, jusqu'à ce qu'elles soient tendres. Égoutter les patates, les laisser refroidir un peu puis les peler. On peut aussi faire cuire les patates au four puis en enlever la peau. Réduire la pulpe en purée.

Entre-temps, faire fondre le sucre dans l'eau avec les jus et zeste d'orange et de citron et la cannelle. Amener le sirop à ébullition, laisser mijoter 5 minutes et réserver.

Retirer les zestes et le bâton de cannelle et incorporer le sirop à la purée de patates. Remettre le mélange sur le feu et le battre avec une cuiller de bois jusqu'à l'obtention d'une purée épaisse.

Retirer la purée du feu et y incorporer le beurre en battant le mélange. Laisser refroidir un peu et incorporer les jaunes d'œufs. Fouetter les blancs d'œufs et les plier dans la purée. Laisser refroidir celle-ci puis la répartir dans de jolis verres. Garnir chaque verre d'un peu de crème, d'une pincée de cannelle (au goût) et de quelques fines lanières de zeste d'orange.

NOTE

Souvent, ce pouding est préparé à partir de patates douces à chair blanche qui sont moins sucrées que celles à chair orange mais sont d'un goût plus délicat.

Ce pouding est riche en vitamines A, C et E.

Valeur nutritive, par portion :
Calories : 351
Matières grasses : 6 g
Glucides : 75 g
Sel : 0,35 g
Gras saturés : 3,1 g
Fibres : 1,5 g

PORTIONS : 4

PRÉPARATION : 20 MINUTES

CONGÉLATION : 40 MINUTES

sorbet au pamplemousse rose et à la grenade

1 litre (4 tasses) de jus de pamplemousse rose (10 pamplemousses environ)
225 g (1 tasse) de sucre semoule
1 blanc d'œuf (facultatif)
1 ou 2 grenades

Garniture
2 pamplemousses, séparés en segments
Graines de grenade
Un peu de sucre
Feuilles de menthe fraîche

Mettre le jus de pamplemousse fraîchement pressé dans un bol et y faire dissoudre le sucre en remuant. Goûter (en se rappelant que le jus aura un goût moins sucré une fois congelé). Couper les grenades en deux par le milieu, les ouvrir et en extraire les graines dans un bol en éliminant la peau et les membranes jaunâtres.

Verser le mélange de jus de pamplemousse dans le bol d'une sorbetière et le faire congeler 35 à 40 minutes. Si on se sert du blanc d'œuf, le fouetter jusqu'à ce qu'il forme des pics mous et le plier dans le mélange. Incorporer les graines de grenade au jus congelé. Servir aussitôt le sorbet ou le garder au congélateur dans un plat couvert jusqu'au moment requis.

Avant de servir, refroidir les assiettes au réfrigérateur ou au congélateur. Mettre une ou deux cuillerées de sorbet dans chaque assiette et garnir de quelques segments de pamplemousse, de graines de grenade, de feuilles de menthe et servir aussitôt.

NOTE

Pour obtenir un sorbet au pamplemousse rose seulement, omettre les graines de grenade de la recette.

Valeur nutritive, par portion :
Calories : 355
Matières grasses : 0 g
Glucides : 92 g
Sel : 0,06 g
Gras saturés : 0 g
Fibres : 2,4 g

PORTIONS : 4

PRÉPARATION : 15 MINUTES

CONGÉLATION : 40 MINUTES

sorbet au lait de coco, au yogourt et au piment rouge

1 petit piment rouge
500 g (1 lb 2 oz) de sucre semoule
500 ml (2 tasses) d'eau
400 ml (1 ½ tasse) de lait de coco non sucré en conserve
250 ml (1 tasse) de yogourt nature
60 ml (¼ de tasse) de rhum blanc

Couper le piment en deux sur le long, l'épépiner et le couper en tout petits dés.

Mettre le piment dans une casserole avec le sucre et l'eau, amener à ébullition et laisser mijoter 1 à 1 ½ minute, jusqu'à ce que le sucre soit dissous. Retirer la casserole du feu et incorporer le lait de coco, le yogourt et le rhum au sirop. Laisser refroidir.

Verser le mélange dans une sorbetière et le faire congeler complètement en suivant les indications du fabricant. Si on n'a pas de sorbetière, verser le mélange dans un bol et mettre celui-ci au congélateur. Sortir le mélange du congélateur 30 minutes plus tard et le battre avec un mixeur électrique ou un batteur manuel pour en éliminer les cristaux. Répéter cette opération 2 ou 3 fois, puis mettre le sorbet au congélateur et ne le servir que lorsqu'il est parfaitement congelé.

NOTE

En général, plus le piment est de petite taille, plus il est fort. N'achetez que des piments fermes au toucher. Ramollis, ils ont perdu leur saveur.

Valeur nutritive, par portion :
Calories : 659
Matières grasses : 11 g
Glucides : 137 g
Sel : 0,42 g
Gras saturés : 9,3 g
Fibres : 0 g

PORTIONS : 6

PRÉPARATION : 20 MINUTES

RÉFRIGÉRATION : 12 HEURES

CONGÉLATION : 40 MINUTES

sorbet aux pétales de rose et aux petits fruits

110 g (¼ de lb) de pétales de rose
600 ml (2 ⅓ tasses) d'eau
200 g (7 oz) de sucre
Le zeste et le jus de 1 citron
1 blanc d'œuf (facultatif)
225 g (½ lb) de petits fruits mélangés : fraises, framboises, groseilles rouges, bleuets (myrtilles), mûres, etc.

Éliminer les parties blanches des pétales de rose. Mettre l'eau et le sucre dans une casserole et les amener doucement à ébullition une fois le sucre dissous. Laisser mijoter le sirop 2 minutes, le retirer du feu et y mettre les pétales et les jus et zeste de citron. Bien mélanger et laisser refroidir. Couvrir et réfrigérer toute la nuit.

Le lendemain, filtrer le sirop à travers une passoire tapissée de mousseline humidifiée. Réserver 60 ml (¼ de tasse). Verser le reste du sirop dans une sorbetière et le faire congeler. Si on utilise le blanc d'œuf, le fouetter jusqu'à ce qu'il forme des pics mous puis l'incorporer au sorbet à moitié congelé. Mettre le sorbet dans un contenant résistant au gel et le garder au congélateur jusqu'au moment requis. Préparer les fruits puis les répartir dans 6 grands verres. Ajouter 10 ml (2 c. à thé) de sirop et quelques cuillerées de sorbet. Servir aussitôt.

NOTE

Choisir des pétales de rose parfumés et très colorés (rose foncé ou cramoisis). Cueillir ceux-ci quand les fleurs sont bien épanouies (en évitant les roses du commerce).

Valeur nutritive, par portion :
Calories : 142
Matières grasses : 0 g
Glucides : 37 g
Sel : 0,02 g
Gras saturés : 0 g
Fibres : 0,8 g

PORTIONS : 8

PRÉPARATION : 20 MINUTES

CONGÉLATION : 40 MINUTES

granité à la pastèque

125 g (¾ de tasse) de sucre semoule
250 ml (1 tasse) d'eau
1 kg (2 lb 4 oz) de chair de pastèque (équivalent à environ 1 fruit entier de 2 kg/4 ½ lb)
Le jus de 1 citron

Mélanger l'eau et le sucre dans une casserole et les faire chauffer doucement pour dissoudre le sucre. Augmenter le feu et faire bouillir 2 minutes. Retirer le sirop du feu et le laisser refroidir.

Couper la pastèque en gros morceaux, en enlever la peau puis couper la chair en cubes et en éliminer les graines en se servant du manche d'une petite cuiller. Mettre la pastèque et le sirop dans un mélangeur ou un robot de cuisine et les réduire en purée lisse. Ajouter du jus de citron au goût.

Verser le mélange dans une sorbetière et le faire congeler. Si on n'a pas de sorbetière, verser le mélange dans un plat peu profond et le congeler 45 à 60 minutes. Au bout de ce temps, sortir le plat du congélateur et briser les cristaux de glace qui s'y sont formés avec une fourchette en remuant bien le granité obtenu. Remettre celui-ci au congélateur et répéter l'opération toutes les 45 minutes, jusqu'à ce que le tout forme une masse de cristaux homogène (2 à 3 heures en tout). Couvrir le plat et le garder au congélateur jusqu'au moment requis.

NOTE

Ce granité doit être servi dans les 2 jours suivant sa préparation.

Valeur nutritive, par portion :
Calories : 101
Matières grasses : 0 g
Glucides : 25 g
Sel : 0,01 g
Gras saturés : 0 g
Fibres : 0,1 g

PORTIONS : 6 À 8

PRÉPARATION : 20 MINUTES

CUISSON : 1 HEURE

pain aux bananes

450 g (1 lb) de bananes très mûres (3 environ), pelées
100 g (3 ½ oz) de miel
2 œufs moyens
110 g (½ tasse) de beurre, ramolli
110 g (½ tasse) de cassonade pâle
225 g (2 tasses) de farine de blé entier (complet) enrichie de poudre à lever, tamisée
5 ml (1 c. à thé rase) de poudre à lever
5 ml (1 c. à thé) de muscade, fraîchement râpée

Garniture

1 banane, pelée et coupée en quartiers sur le long

Préchauffer le four à 180 °C/350 °F/4 au four à gaz. Beurrer un moule à pain de 15 X 23 cm (6 X 9 po) puis le tapisser de papier sulfurisé beurré.

Mettre les bananes, le miel et les œufs dans le mélangeur ou le robot de cuisine et les réduire en purée. Battre le beurre avec la cassonade jusqu'à ce que le mélange soit crémeux, puis y incorporer peu à peu la purée de bananes en alternant avec la farine avec la poudre à lever et la muscade. Bien battre la pâte puis la verser dans le moule préparé. Garnir la pâte de la banane en quartiers.

Faire cuire le pain 1 heure environ, jusqu'à ce qu'il soit bien levé et moelleux au centre. Si au bout de ce temps il n'est pas assez cuit, réduire un peu la température du four et le faire cuire 10 à 15 minutes de plus. Sortir le pain du four et le laisser refroidir sur une grille avant de le servir.

NOTE

Gardé dans une boîte de métal, ce pain est encore meilleur au bout de 2 ou 3 jours.

Valeur nutritive, par portion :
Calories : 487
Matières grasses : 18 g
Glucides : 78 g
Sel : 0,68 g
Gras saturés : 10,3 g
Fibres : 4,4 g

PORTIONS : 8 TRANCHES

PRÉPARATION : 10 MINUTES

CUISSON : 30 MINUTES

gâteau aux bananes et aux noix d'acajou

60 ml (¼ de tasse) d'huile de tournesol
250 g (9 oz) de bananes, pelées
(2 bananes moyennes environ)
2,5 ml (½ c. à thé) d'extrait de vanille
5 ml (1 c. à thé) de cannelle moulue
Une pincée de cardamome moulue
50 g (2 oz) de noix d'acajou
50 g (2 oz) de noix de coco, râpée
50 g (2 oz) de flocons d'avoine
1 pomme, pelée et râpée

Préchauffer le four à 190 °C / 375 °F / 5 au four à gaz.

Mélanger l'huile, les bananes, l'extrait de vanille, la cannelle et la cardamome dans le robot de cuisine ou le mélangeur. Ajouter les noix d'acajou et mélanger quelques secondes pour les briser.

Ajouter la noix de coco, les flocons d'avoine et la pomme, et mélanger quelques secondes de plus.

Verser le mélange dans un moule à gâteau puis le faire cuire 25 à 30 minutes au centre du four. Laisser refroidir le gâteau puis le couper en pointes.

Valeur nutritive, par portion :
Calories : 185
Matières grasses : 13 g
Glucides : 15 g
Sel : 0,01 g
Gras saturés : 4,5 g
Fibres : 2,3 g

PORTIONS : 6

PRÉPARATION : 20 MINUTES

CUISSON : 35 MINUTES

poudings aux carottes et aux fruits séchés

- 110 g (¼ de lb) de dattes, coupées en dés
- 110 g (¼ de lb) de figues séchées, coupées en dés
- 25 g (1 oz) de jeune racine de gingembre, coupée en dés
- 250 ml (1 tasse) d'eau bouillante
- 40 g (1 ½ oz) de raisins secs
- 2,5 ml (½ c. à thé) de bicarbonate de soude
- 5 ml (1 c. à thé) de poudre à lever
- 60 g (¼ de tasse) de beurre doux
- 60 g (⅓ de tasse) de sucre semoule
- 2 œufs de ferme
- 175 g (¾ de tasse) de farine enrichie de poudre à lever, tamisée
- 200 g (7 oz) de carottes, grossièrement râpées
- 2,5 ml (½ c. à thé) de cannelle moulue
- 2,5 ml (½ c. à thé) d'épices mélangées moulues

Préchauffer le four à 190 °C/375 °F/5 au four à gaz. Mettre les dattes, les figues et le gingembre dans un bol, puis ajouter l'eau bouillante, les raisins secs, le bicarbonate de soude et la poudre à lever. Laisser reposer 15 minutes.

Battre ensemble le beurre et le sucre et, quand le mélange est pâle et crémeux, y incorporer les œufs un par un. Incorporer ensuite la farine, puis les fruits préparés, les carottes râpées et les épices. Verser la pâte dans 6 timbales ou ramequins d'une contenance de 200 ml (¾ de tasse) ou un plat allant au four de 18 cm (7 po) de diamètre. Mettre les timbales sur une plaque de four et les faire cuire 30 à 35 minutes (compter 40 à 45 minutes pour le plat allant au four) et faire cuire jusqu'à ce que la pâte soit bien levée et dorée, et que la lame d'un couteau en ressorte propre. Laisser reposer 5 minutes avant de démouler.

Servir avec de la crème épaisse ou de la crème anglaise à la vanille et une compote de fruits séchés.

Valeur nutritive, par portion :
Calories : 371
Matières grasses : 12 g
Glucides : 64 g
Sel : 0,94 g
Gras saturés : 6,4 g
Fibres : 3,8 g

POUR 10 À 15 MUFFINS

PRÉPARATION : 20 MINUTES

CUISSON : 15 MINUTES

muffins aux petits fruits

250 g (9 oz) de farine de riz
170 g (6 oz) de polenta
7,5 ml (½ c. à soupe) de bicarbonate de soude
30 ml (2 c. à soupe) de cassonade molle
250 g (9 oz) de petits fruits mélangés, frais ou surgelés : canneberges, bleuets (myrtilles), mûres, groseilles rouges, cassis, etc.
1 pomme à cuire, parée, pelée et râpée
170 g (6 oz) de yogourt
30 ml (3 c. à soupe) de jus de citron
15 ml (1 c. à soupe) d'huile de tounesol
150 ml (5 oz) de jus de pomme non sucré

Préchauffer le four à 200 °C / 400 °F / 6 au four à gaz.

Tamiser la farine de riz, la polenta et le bicarbonate de soude dans un bol. Ajouter la cassonade, les petits fruits et la pomme râpée, et bien mélanger. Mélanger le yogourt, le jus de citron, l'huile et le jus de pomme dans un pichet, puis les verser dans le premier mélange et mélanger de manière à obtenir une pâte assez molle (utiliser un peu plus de jus de pomme au besoin). Répartir le mélange dans les moules à muffins (10 à 15 environ).

Faire cuire les muffins au centre du four 15 minutes, ou jusqu'à ce qu'ils soient dorés. Laisser refroidir sur une grille avant de servir.

NOTE

Ces muffins se congèlent très bien. On peut donc les préparer à l'avance puis les faire dégeler peu de temps avant le repas et les servir avec de la crème anglaise chaude ou de la crème fraîche.

Valeur nutritive, par portion :
Calories : 188
Matières grasses : 2 g
Glucides : 41 g
Sel : 0,56 g
Gras saturés : 0,4 g
Fibres : 1,7 g

index

remerciements

Les éditeurs tiennent à remercier les auteurs suivants de leur avoir donné la permission de reproduire ici leurs recettes (les nombres suivant les noms indiquent les numéros de page de ce livre) : Darina Allen : 24, 26, 48, 54, 82, 96, 100, 126, 140, 154, 164; Hugo Arnold : 66, 90, 130, 138, 142; Ed Baines : 50; Aliza Baron-Cohen, Adrian Mercuri et Louisa J. Walters : 14, 16, 34, 36, 38, 64, 120, 122, 124, 128, 146; Vatcharin Bhumichitr : 58, 70, 76, 88, 108, 134; Maddelena Bonino : 84; Conrad Gallagher : 40, 60, 68, 74, 78, 80, 94, 98, 106, 116, 144, 150, 152; Paul Gayler : 44, 110, 148; Elisabeth Luard : 72, 156, 160; Alison Price : 46; Oded Schwartz : 86, 104, 132, 136, 168; Michael van Straten : 18, 20, 22, 30, 32, 42, 52, 56, 92, 102, 114, 118, 166; Mandy Wagstaff : 162, 170.

Les éditeurs tiennent à remercier les photographes suivants de leur avoir donné la permission de reproduire ici leurs photographies (les nombres suivant les noms indiquent les numéros de page de ce livre) : Martin Brigdale : 59, 62, 71, 77, 89, 109, 112, 135; Julie Dixon : 87, 105, 133, 137, 169; Gus Filgate : 28, 41, 45, 51, 61, 69, 75, 79, 81, 95, 99, 107, 111, 117, 145, 149, 151, 153; Michelle Garrett : 85; Georgia Glynn-Smith : 1, 9, 158; Jeremy Hopley : 47; Francine Lawrence : 73, 157, 161; Ray Main : 2, 5, 7, 12, 19, 21, 23, 25, 27, 31, 33, 43, 49, 53, 55, 56, 57, 60, 67, 76, 78, 82, 83, 91, 93, 97,101,103, 106, 115, 119, 127, 131, 139, 141, 143, 155, 165, 167; Juliet Piddington : 15, 17, 35, 37, 39, 65, 121, 123, 125, 129; Jean-Luc Scotto : 64, 68, 98, 110, 136, 138, 144, 154, 170; Sara Taylor : 163, 171.